Tecniche di Vendita

IMPARA COME VENDERE ONLINE
QUALSIASI COSA

Victor Lauella

Victor Lauella

TECNICHE DI VENDITA - IMPARA COME VENDERE ONLINE QUALSIASI COSA

UUID: 1388bcac-eb2a-4c05-9b8d-0b5308545c2a

Questo libro è stato realizzato con StreetLib Write

https://writeapp.io

Indice dei contenuti

-
-
-
-
-
-
-
-
-

sostegno da parte del proprietario del marchio. Tutti i marchi e le marche all'interno di questo libro sono solo a scopo chiarificatore e sono di proprietà dei proprietari stessi, non affiliati con questo documento.

1 - PIANIFICARE UNA STRATEGIA DI MARKETING

Si dice spesso che: "Un piano non pianificato è un piano fallito". Questo è molto vero quando non hai una strategia di marketing e ti affidi alle vendite. Se hai un'attività su Internet, potresti anche concentrarti troppo sulla generazione di traffico, pensando che i numeri corrispondano automaticamente alle vendite. Tuttavia, potresti non fare alcun tentativo di comprendere i tuoi visitatori o di pianificare una strategia di marketing per loro. Senza questa strategia di marketing, non stai guidando i tuoi visitatori verso una relazione con te, ma speri che prendano l'iniziativa di acquistare i tuoi prodotti o servizi in base alle loro ragioni, molte delle quali non puoi nemmeno immaginare. In questo modo, non hai la possibilità di capire perché i tuoi clienti acquistano o quale potrebbe essere una buona offerta per ripetere gli acquisti. È come se lavorassi al buio e per questo motivo dovresti sviluppare e testare alcune strategie di marketing per aumentare le vendite.

La psicologia del perché le persone comprano

Quando gli esperti di marketing fanno ricerche di mercato, spesso si interessano ai dati demografici delle vendite. In questo modo possono capire chi sono i loro clienti e quali offerte potrebbero interessarli di più. Se ti rivolgi agli adolescenti, gli stessi argomenti e appelli che usi con le persone di mezza età molto probabilmente non funzioneranno, se non addirittura avranno l'effetto opposto di allontanarli completamente. È molto importante capire perché ogni strategia funziona, in modo da poter iniziare a personalizzarla per il tuo specifico mercato demografico.

Persone diverse acquistano per motivi diversi. Alcuni gruppi di persone vogliono essere considerati "intelligenti ed esperti", mentre altri preferiscono essere visti come "creatori di tendenze". L'immagine e l'identità sono alcuni dei principali motivi per cui le persone si relazionano socialmente e anche per cui scelgono di acquistare determinati prodotti rispetto ad altri. Anche se esistono alcune strategie generali di marketing che si applicano alla maggior parte delle offerte, alcune di queste offerte funzioneranno meglio per alcuni gruppi demografici che per altri. Per questo motivo, ogni strategia illustra nel dettaglio la psicologia del motivo per cui quella particolare offerta potrebbe piacere a qualcuno e poi potrai decidere se è adatta al tuo gruppo demografico.

In generale, il fattore tempo limitato è una cosa che si è dimostrata efficace con qualsiasi offerta tu scelga di implementare. Ecco perché le aste di eBay hanno così tanto successo: si basano sull'offerta a tempo limitato per aumentare l'attrattiva dei prodotti per un pubblico generico. La psicologia di un'offerta a tempo limitato si basa sulla paura della perdita che la maggior parte delle persone ha. Non vogliono sentirsi come se avessero perso qualcosa o vogliono sentirsi intelligenti e speciali per essere stati tra i pochi ad aver ottenuto un'offerta a tempo limitato. Nelle aste, si tratta anche di essere competitivi e migliori di un altro offerente.

La psicologia del motivo per cui le persone acquistano è influenzata anche dal clima economico. Quando le persone si sentono ricche, tendono a spendere un po' di più e a coccolarsi. Quando il credito è limitato e le persone si sentono povere, come nel nostro attuale clima economico, potrebbero aver bisogno di una spinta in più per giustificare l'acquisto. In questo caso, una tecnica generale di prezzi scontati e vendite speciali può essere molto efficace, soprattutto se puoi confrontarla con altre offerte che costano molto di più della tua.

Queste sono alcune ragioni generali che permettono di comprendere bene la psicologia del marketing, ma per ognuna delle sette offerte che descriveremo, c'è un motivo particolare per cui potrebbero interessare il tuo gruppo demografico, che verrà analizzato con ogni offerta.
Come utilizzare le tecniche di vendita

Se non hai idea di come utilizzare una particolare strategia di marketing con i tuoi prodotti e servizi, non preoccuparti! Ti spiegheremo in dettaglio come implementare la strategia di marketing in modo facile da capire e da seguire. Le indicazioni passo dopo passo ti condurranno sulla strada delle vendite potenzialmente maggiori in pochissimo tempo.

Non aver paura di sbagliare con queste tecniche di vendita. Fa parte del processo di apprendimento. Nella peggiore delle ipotesi, l'offerta potrebbe non funzionare come ti aspettavi e tu otterrai informazioni preziose su ciò che funziona e ciò che non funziona per la tua particolare clientela o per il tuo pubblico. Possiamo anche mostrarti come limitare i rischi quando utilizzi offerte che potrebbero essere un po' troppo aperte. Quando fai un'offerta, devi mantenere la parola data per creare la fiducia dei clienti. Un'offerta accurata non solo può portare a una prima vendita, ma può anche gettare le basi per costruire un forte rapporto con l'acquirente e fidelizzarlo in seguito.

Personalizzare le nostre tecniche in base alle tue offerte

Anche se non possiamo trattare tutti i modi in cui una tecnica di vendita può essere implementata, né tutti i prodotti e i servizi esistenti, fornendoti alcuni esempi concreti di come applicare la tecnica, dovresti essere in grado di tornare indietro e trovare il modo di utilizzarla con le tue offerte di mercato. Ad esempio, potremmo dirti come utilizzare la strategia del Cofanetto regalo per la vendita di libri, ma tu non vendi libri. L'idea sarà sempre la stessa, ma la confezione regalo dovrà includere qualcosa che sia in linea con il tuo mercato, non con quello delle vendite di libri. Se vendessi prodotti di informazione, il tuo pacco regalo potrebbe essere costituito da apparecchiature elettroniche. Se vendi segnalibri, il libro potrebbe essere la tua confezione regalo. È tutta una questione di cosa stai cercando di promuovere e a cosa vuoi associare il tuo prodotto, utilizzando una tecnica di vendita specifica.

Non dimenticare di considerare anche i tuoi dati demografici quando cerchi di personalizzare l'offerta. Se sai che la tua clientela principale proviene dall'Australia, allora vuoi indirizzare alcune delle tue offerte verso questa fascia demografica facendo leva sulla loro nazionalità. Questo può significare aggiungere alle tue offerte prodotti che si riferiscono ai loro eventi sportivi nazionali preferiti, ai loro hobby o anche alla loro vita selvaggia. Ricorda che la maggior parte delle persone acquisterà un prodotto con cui si identifica e questo fa parte delle buone pratiche di marketing per rendere la tua offerta irresistibile.

2 - L'OFFERTA GRATUITA

Questa strategia prende il nome dal fatto che il tuo prodotto è avvolto in una sorta di omaggio che viene fornito con la tua offerta. Si tratta di una sorta di offerta "take a bonus", con la differenza che l'omaggio di solito racchiude o rende estremamente attraente l'intero pacchetto. Piuttosto che giustificare l'acquisto del prodotto, alcune persone potrebbero giustificarlo in base alla "confezione regalo" che lo contiene. Più la confezione regalo è costosa e più il prodotto è considerato prezioso e degno di nota.

Proprio come gli anelli di diamanti sono accompagnati da un'appropriata confezione regalo in feltro che mette in risalto e amplifica l'attrattiva del prodotto, così la confezione regalo che scegli dovrebbe mettere in risalto e amplificare l'attrattiva della tua offerta. Non si tratta solo di trovare qualcosa di interessante che le persone desiderano e di abbinarlo alla tua offerta. La confezione regalo deve sembrare un contenitore naturale per il tuo prodotto e quindi deve essere molto sottile per la mente nel modo in cui viene influenzata.

Se abbini qualcosa che sembra non avere nulla a che fare con il tuo prodotto, ma che è un prodotto popolare, sarà evidente quello che stai facendo e la strategia non sarà così soggettiva come vorresti. Vuoi che le persone giustifichino l'acquisto del tuo prodotto, non che giustifichino l'acquisto della confezione regalo. Se vogliono ancora uno di quei cofanetti regalo, probabilmente hanno già passato del tempo a discutere sul perché dovrebbero acquistarne uno. Se ora gli viene fornito un motivo per acquistare il tuo prodotto e insieme ad esso una bella confezione regalo, allora non devono giustificare l'oggetto di lusso, ma solo la tua offerta.

La strategia

Questa strategia non sembrerà nemmeno una promozione delle vendite, può essere così sottile. Tuttavia, associare il tuo prodotto a qualche altro giocattolo allettante è un modo per contribuire a migliorare la tua immagine. Ha un'attrattiva universale, anche se puoi indirizzare la confezione regalo in modo mirato per il tuo particolare target demografico. Ad esempio, ti stai rivolgendo a professionisti del settore per una serie di corsi che hai scritto sul marketing. Che cosa potrebbero avere di più? Potresti offrire i tuoi corsi in simpatiche valigette o addirittura in un bagaglio vistoso. Ovviamente venderai il corso, ma i clienti noteranno la confezione regalo in cui è contenuto e questo influenzerà la loro decisione di acquisto.

Se il tuo target è costituito da adolescenti, forse preferiresti avvolgere la tua offerta in qualche aggeggio elettronico che si rivolga ai loro interessi, come un Ipod da mostrare ai loro amici. Devi commercializzare la tua merce in modo da ottenere un profitto dalla vendita, compreso il costo della confezione regalo in cui viene incartata.

Questa strategia di marketing è particolarmente efficace se vendi infoprodotti. Gli infoprodotti sono prodotti virtuali che possono essere scaricati su dispositivi elettronici o online. Se hai visto quanto poco costano alcuni infoprodotti, probabilmente ti chiederai come facciano a realizzare un profitto significativo. Non costa nulla creare copie di infoprodotti e non costa nulla consegnarli. Tuttavia, questo diminuisce anche il profitto che possono ottenere perché le persone non li considerano così preziosi. Ora, se prendi lo stesso prodotto informativo e lo commercializzi scaricandolo su un Ipod o su una chiavetta USB di lusso, il valore percepito aumenta e così anche il prezzo che puoi chiedere per lo stesso prodotto.

Ci vuole un po' di creatività per capire come potrebbe essere la tua confezione regalo. Vuoi qualcosa che sia interessante per i tuoi dati demografici e che sia anche associato a un valore aggiunto. Se possibile, vuoi che questa confezione regalo sia così bella che l'acquirente si giri e si vanti con i suoi amici di averla ricevuta "gratis" quando ha acquistato la tua offerta. Questo è un modo per generare referenze grazie a una strategia di marketing intelligente.

Non c'è limite a quanto possa essere appariscente o grande il tuo pacco regalo. Se vuoi offrire i tuoi prodotti informativi su un computer portatile, ad esempio, puoi farlo anche tu. Dovrai trovare un gruppo di persone che desiderano un computer portatile gratuito e che per questo motivo acquisteranno i tuoi prodotti informativi. Inoltre, dovrai trovare un grossista disposto a venderti i laptop con uno sconto.

Dovrai anche tenere conto della consegna di queste confezioni regalo. Quindi, più grande è la confezione regalo, più potresti riservare questa strategia alle opportunità di vendita faccia a faccia. Altrimenti, dovrai trovare il modo di far arrivare le confezioni regalo, con il tuo prodotto, al cliente e sperare che non si rompa durante il tragitto.

Psicologia

In un periodo di crisi economica, può essere difficile giustificare l'acquisto dell'ultimo lusso, anche se lo si desidera ardentemente. Dare al cliente un motivo per acquistare la tua offerta inserendola in una confezione regalo "calda" rende l'offerta quasi irresistibile. Questo può funzionare anche se il cliente è il tipo di persona che può giustificare la spesa per cose che migliorano le sue possibilità sul mercato (come un uomo d'affari) o che migliorano il suo rendimento a scuola (come uno studente universitario), ma ha difficoltà a giustificare un acquisto frivolo, per quanto lo desideri. Come sempre, non devi aspettare che il cliente trovi delle obiezioni all'acquisto del tuo prodotto, ma devi dargli un motivo per concludere la vendita.

Inoltre, le persone attribuiscono maggiore credibilità e valore agli articoli che sono associati agli ultimi prodotti in voga. Se tutti gli abitanti del quartiere parlano dell'ultimo cellulare e tu trovi un modo per associarvi la tua offerta, sei molto più avanti nell'associare il tuo nome a un prodotto già di successo. Se si tratta di un prodotto riutilizzabile, scoprirai che avranno difficoltà a lasciarlo andare e vorranno mostrarlo a tutti.

Questo può giocare a tuo favore perché, per restituire la tua offerta, devono restituire anche la confezione regalo in cui è stata consegnata. Ad esempio, hai offerto a un imprenditore un software per la sua attività domestica e lo hai messo in una fantastica valigetta di pelle. Per restituire il software, dovrà restituire l'intero pacchetto e l'acquirente potrebbe non essere disposto a farlo. Questo significa meno resi per te e una migliore associazione dei prodotti nel lungo periodo.

Implementazione

I passaggi per implementare il pacchetto regalo desiderato possono variare a seconda dell'offerta e del pacchetto regalo che viene associato all'offerta. Tuttavia, un esempio di implementazione di un cofanetto regalo di una chiavetta USB per prodotti informativi potrebbe seguire i seguenti passi.

- Individua un fornitore all'ingrosso di chiavette USB con uno spazio maggiore di quello necessario per i tuoi prodotti informativi.

- Commercializza la tua offerta mettendo in evidenza l'associazione con la confezione regalo. Ad esempio, questo prodotto contiene una chiavetta USB gratuita e riutilizzabile.

- Assicurati di descrivere il cofanetto regalo in tutto il suo splendore e vendine i vantaggi, oltre a quelli della tua offerta.

- Decidi se sarai tu a caricare la chiavetta nella confezione regalo o se sei disposto a pagare qualcun altro per farlo e spedirla (è un'opzione).

- Se scegli di effettuare l'installazione da solo, dovrai comprendere le problematiche tecniche legate al download di un software su una chiavetta USB.

- Anticipa il modo in cui la persona recupererà le tue offerte dalla confezione regalo, impostando dei programmi di esecuzione automatica che richiamino automaticamente la directory dei tuoi prodotti quando inseriscono la chiavetta USB.

- Esegui un test di qualità della tua offerta, se è elettronica, per assicurarti che il pacchetto sia perfettamente funzionante prima di spedirlo.

- Imballa la tua offerta in modo da proteggerla da eventuali danni durante la spedizione.

- Assicura il valore del pacco, se necessario.

- Assicurati che il cliente comprenda i limiti del tuo supporto o delle tue garanzie per l'offerta nella confezione regalo, in modo che non torni da te quando il suo computer portatile viene infettato da un virus o simili.

Personalizzazione

Una confezione regalo può essere facilmente personalizzata per mostrare il logo della tua azienda, se non all'esterno, sicuramente all'interno. Ad esempio, nel caso della chiavetta USB, potresti far stampare il nome della tua azienda o l'URL del tuo sito web all'esterno come personalizzazione per ricordare al tuo cliente come ha ottenuto quella bella chiavetta USB che usa spesso.

Un altro modo per personalizzare un cofanetto regalo è quello di lasciare che sia l'acquirente a decidere in che modo vuole che sia personalizzato. Questo si ricollega all'idea di creare una propria identità e di mostrarla agli altri. Quindi, potresti offrire diversi colori o un assortimento di opzioni diverse per la tua confezione regalo. Se hai un fornitore disposto a offrire più articoli e a lavorare con i tuoi clienti in questo modo, non dovresti avere problemi aggiuntivi.

Tuttavia, se sei il tipo che vuole fare tutto da solo, devi essere consapevole che più opzioni offrirai, più dovrai lavorare per tenere traccia dell'inventario, capire come caricare correttamente le tue offerte in più confezioni regalo e anche i diversi requisiti di spedizione. Quindi, fai attenzione quando offri diversi modi di confezionare il regalo, a meno che tu non sappia di poter contare su uno spedizioniere terzo in grado di gestire tutto questo per te.

Ricorda che più una confezione regalo è richiesta, più puoi far pagare il tuo prodotto o la tua offerta. Come dimostra l'esempio dell'Ipod, se il prodotto va a ruba, è probabile che anche la tua offerta si venda rapidamente perché è associata a un buon prodotto.

Infine, tieni presente che alcune confezioni danneggiano il valore del tuo prodotto. Ad esempio, stiamo assistendo a una perdita di vendite delle acque in bottiglia confezionate. L'acqua, ovviamente, è il vero prodotto, ma le bottiglie di plastica l'hanno resa conveniente e alla moda per un po'. Fino al rallentamento dell'economia, alle persone piaceva farsi vedere mentre bevevano acqua in bottiglia. Ora c'è una maggiore consapevolezza del fatto che le bottiglie di plastica in cui sono contenute queste acque finiscono nelle discariche. Dato che il target dell'acqua in bottiglia era tipicamente quello degli yuppies salutisti, la confezione diventa un vero e proprio ostacolo all'acquisto dell'acqua in bottiglia. Il motivo è che la confezione regalo è ora associata allo spreco e alla distruzione dell'ambiente. Quindi, queste persone si allontanano dalle acque in bottiglia per passare a taniche portatili, riutilizzabili e filtrate o per scegliere opzioni diverse.

In questo caso vediamo come il fattore demografico possa influenzare anche il valore della confezione. Le persone sensibili all'ecologia non sceglieranno di acquistare qualcosa che sanno che contribuirà all'inquinamento e ai rifiuti nell'ambiente. Devi conoscere i tuoi dati demografici ed essere un passo avanti a loro per poter offrire la tua offerta in una confezione regalo attraente che si adatti all'immagine di chi è.

La prossima volta che vai a fare shopping, vedi se riesci a individuare alcune varianti di questa offerta di confezioni regalo. Mary Kaye si rivolge ora a chi ha una mentalità ecologica offrendo il riciclo delle vecchie confezioni Mary Kaye. Quando consegnerai la tua vecchia confezione, te ne forniranno una nuova che utilizza degli inserti. In questo modo non solo avrai un piacevole omaggio nel palmo della mano, ma la linea di make-up di Mary Kaye sarà anche sensibile all'ambiente. Non guasta nemmeno il fatto che le ricariche che verranno inserite nei nuovi compatti saranno prodotti Mary Kaye. Sebbene Mary Kaye venda cosmetici, il packaging è ora in linea con una specifica fascia demografica di persone che sostengono i prodotti eco-compatibili.

3 - TI GRATTO LA SCHIENA...

Hai già sentito il detto: "Ti gratto la schiena se tu mi gratti la mia!". È normale che tu voglia ottenere uno scambio equo con i tuoi clienti, ma che dire dei tuoi concorrenti? Vuoi davvero essere sorpreso a grattare la schiena ad alcuni dei tuoi concorrenti? Alcuni pensano che non sia un buon affare, ma non è così. Non devi sempre cercare di scalzare e sottovalutare tutti i tuoi concorrenti per ottenere una vendita. Puoi scegliere di collaborare con loro per ottenere un vantaggio per entrambi. Devi solo capire quali sono i concorrenti che vogliono espandere le loro vendite tanto quanto te.

La strategia

Questa strategia richiede un po' di audacia. Dovrai avvicinare uno dei tuoi principali concorrenti e offrirti di promuovere il loro prodotto per loro, se ti permetteranno di abbinarlo al tuo. Non dovrai vendere il loro prodotto ai tuoi clienti, ma offrirlo come bonus gratuito e vendere il tuo! Potrai quindi dividere il ricavato per dare al tuo concorrente un vantaggio per la sua collaborazione.

Ora, perché un concorrente dovrebbe offrirti gratuitamente uno dei suoi prodotti da offrire ai tuoi clienti, anche se potrebbe ottenere la metà dei ricavi dalle tue vendite? Ovviamente spera di far conoscere ai tuoi clienti i suoi prodotti. Potrebbero essere disposti a darti un prodotto promozionale che puoi inserire nelle tue offerte, nella speranza che questo aumenti anche le loro vendite, grazie alla tua base di clienti.

Ora, aspetta un attimo, starai pensando. Perché dovresti volere che un tuo concorrente ti rubi i clienti? La verità è che i tuoi clienti probabilmente conoscono già i tuoi principali concorrenti. È molto improbabile che, in un'epoca di consumismo consapevole, non abbiano mai scoperto le altre persone che offrono i tuoi stessi prodotti o servizi. Quindi, non stai dicendo ai tuoi clienti qualcosa che non sanno. Potrebbero aver già acquistato qualcosa sia dai tuoi concorrenti che da te.

Ora, puoi anche ampliare questa strategia offrendo ai tuoi concorrenti prodotti o servizi gratuiti della tua linea di prodotti che possono promuovere con le loro offerte, in cambio di una parte dei profitti, oppure potete scegliere di tenere i profitti dei vostri sforzi, se sapete che avrete offerte reciproche.

Un altro motivo per cui questo tipo di strategia funziona è che non è necessario offrire sconti per attirare l'attenzione sul tuo prodotto. Anzi, puoi anche far pagare lo stesso prezzo o di più per ottenere un bonus gratuito insieme al tuo prodotto. Quindi, se sei indeciso se iniziare a cercare di attirare i clienti con una guerra dei prezzi con i tuoi concorrenti, questa strategia può rappresentare un'alternativa alla concorrenza: la cooperazione.

Psicologia

In questo caso è in gioco un'importante psicologia dei consumatori, che può però estendersi anche ai tuoi concorrenti. Può anche avere un effetto drammatico sulla tua coscienza del benessere. Puoi aspettarti che questo tipo di dinamica aziendale inizi ad aprire strade che forse non avevi mai preso in considerazione prima, e può davvero aiutare a portare la mentalità dell'abbondanza a te e a tutti i soggetti coinvolti.

Dopo tutto, se sei il tipo di persona che crede che non ci siano abbastanza clienti in giro, credi nella mancanza invece che nell'abbondanza. Se credi che, dato che il tuo concorrente ha ottenuto degli affari, non puoi fare affari con lo stesso cliente, stai adottando una mentalità di limitazione. Quindi, la prima persona che probabilmente verrà influenzata da questa strategia sei tu, e in senso positivo.

Uno dei modi più importanti in cui ti influenzerà è quello di aiutarti ad ampliare la tua percezione di chi sono i tuoi clienti e di come lavorare efficacemente con una varietà di persone, anche con quelle che potrebbero pensare di essere tue nemiche. Facendo più rete, scoprirai che si stimolano nuove idee e non sorprenderti se il tuo ex concorrente busserà alla tua porta con un'offerta che non potrai rifiutare.

In un primo momento, i tuoi concorrenti ovviamente seguiranno questa strategia per rubarti i clienti. Tuttavia, quando inizieranno a vedere che stai creando affari per entrambi, potrebbero iniziare a vedere le cose a modo tuo. Questo accordo non si limita a procurarti nuovi clienti, ma può anche aumentare le vendite del tuo concorrente/partner.

Infine, ma non meno importante, i clienti amano questo tipo di accordi. Chi non vorrebbe provare più prodotti al prezzo di uno? Inoltre, hai reso loro la vita più facile facendo una ricerca sui prodotti della concorrenza e hai dato loro la possibilità di provarli senza dover capire quali sono i migliori. Dopotutto, se associ il tuo prodotto a uno dei prodotti del tuo concorrente, dimostri che 1) credi che il tuo pubblico apprezzerà il prodotto concorrente e 2) sei sicuro che, nonostante la promozione del prodotto del tuo concorrente, la tua azienda continuerà a essere il loro fornitore preferito.

Anche se dovessi perdere qualche cliente, è altamente improbabile che questi clienti non avrebbero comunque scoperto il tuo concorrente. Inoltre, ricorda che anche il tuo concorrente, se è furbo, promuoverà i tuoi articoli nel suo marketing e tu potresti finire per accaparrarti alcuni dei suoi clienti, il che significa che alla fine tutto si risolverà con un aumento delle vendite!

Attuazione

Le fasi di attuazione della strategia "Ti gratto la schiena" possono variare a seconda dei prodotti o servizi che vendi e del mercato concorrente che viene associato alla tua offerta. Tuttavia, un esempio di implementazione di questa strategia potrebbe seguire i seguenti passi:

- Trovi un concorrente che potrebbe avere un'offerta simile alla tua.

- Contatti quell'imprenditore per dirgli che tu e lui potreste aumentare le vendite collaborando per un breve periodo su un'offerta specifica.

- Entrambi stipulate un accordo, preferibilmente scritto, su come collaborare per offrire i prodotti dell'altro ai vostri clienti.

- Vuoi essere sicuro che il tuo concorrente sia in grado di soddisfare l'offerta se c'è una grande richiesta.

- Cerca dei sistemi di consegna automatica, soprattutto se si tratta di un'offerta di prodotti informativi.

- Decidete se dividere i ricavi delle vendite e condividerli o se ognuno di voi manterrà i propri ricavi.

- Se scegliete di condividerli, dovrete impostare un formato elettronico che permetta al vostro concorrente di vedere quante vendite sono state effettuate e quanto può aspettarsi di essere pagato, se possibile anche in modo automatico.

- Promuovi l'offerta nelle tue offerte di marketing come "bonus gratuito".

- Valuta il prezzo del tuo prodotto e vedi se puoi effettivamente aumentare il prezzo con questo "bonus gratuito".

- Rispetta anche tu le promesse e tratta il tuo concorrente come un cliente, perché a questo punto lo è!

Non c'è molto altro in questa offerta. È geniale nella sua semplicità e richiede solo un po' di pianificazione e di audacia nel proporla per primo al tuo concorrente. Probabilmente penseranno che tu abbia perso le rotelle finché non vedranno quanto sia efficace per generare vendite per entrambi. Se fai ricerche di mercato da tempo, probabilmente avrai già una buona idea di chi sono i tuoi maggiori concorrenti. In caso contrario, questo è il momento perfetto per iniziare a fare questo tipo di ricerche di mercato. Ti stimolerà a conoscere meglio le offerte degli altri e questo ti aiuterà a migliorare le tue.

Con una pianificazione adeguata, puoi elaborare un'offerta che potrebbe essere proprio quella che tu, il tuo concorrente e i tuoi clienti stavate cercando, ma che non avete mai trovato in un unico posto e a un prezzo basso. Inoltre, creerà un rapporto di fiducia con i tuoi clienti che ti valuteranno in modo diverso e più integro per aver promosso un prodotto che può essere utile per loro, ma che potrebbe sembrare impossibile da ripagare in termini monetari, quando invece è vero il contrario. Preparati ad avere quantità aggiuntive del tuo prodotto principale e assicurati che il tuo concorrente possa rispettare la sua parte dell'accordo, perché le vendite probabilmente saliranno alle stelle!

Personalizzazione

Questa strategia è molto flessibile per quanto riguarda la personalizzazione. Potrebbe sembrare che tu debba aggiungere solo offerte simili, ad esempio un libro tuo e uno diverso del tuo concorrente. Tuttavia, le possibilità di personalizzazione sono molto più ampie e scoprirai che si tratta di una strategia che può davvero stimolare la tua creatività.

Non pensare solo ai prodotti, puoi utilizzare questa strategia anche per i servizi! Ad esempio, potresti vendere un'iscrizione al tuo club o al tuo sito web per un importo specifico e offrire un'iscrizione gratuita al sito web o al club del tuo concorrente! Il tuo concorrente capirà subito i vantaggi di questa offerta quando vedrà più persone iscriversi al suo sito web. Non spetta a te verificare che queste persone si convertano in vendite, è una loro responsabilità, ma ci sono buone probabilità che raccolgano ulteriori vendite. Inoltre, non gli costa nulla permetterti di offrire un'iscrizione gratuita perché molti offrono anche iscrizioni di prova per attirare i clienti.

Forse il tuo concorrente vuole offrire gratuitamente qualcosa che offre regolarmente alle persone sul suo sito, ma vuole farlo sul tuo sito per rivolgersi alle persone che appartengono alla sua fascia demografica e che già acquistano prodotti simili ai suoi. Se è così, puoi avvicinarti a loro con un'offerta in cui loro utilizzano già un omaggio per attirare gli affari, ora tu gli dai l'opportunità di utilizzarlo per fare pubblicità sul tuo sito. Sarà molto difficile per loro dirti di no.

Non dimenticare di dare un marchio al tuo omaggio in modo che ti promuova nel momento in cui il tuo concorrente vorrà associare le sue offerte al tuo omaggio. In questo caso, dovrai assicurarti che l'omaggio sia contrassegnato dal tuo sito web, dal nome della tua azienda e, se puoi aggiungere altre offerte, fallo. Anche in questo caso, vuoi che questo articolo promozionale crei nuove opportunità per i tuoi clienti e per vendere più prodotti. Non si tratta di un vero e proprio omaggio, ma di uno strumento promozionale di marketing mirato alla fascia demografica raggiunta sia da te che dal tuo concorrente.

Anche se hai qualche dubbio, il nostro consiglio è di provare. Vedere per credere e, anche se può sfidare la tua mentalità attuale, i risultati ti aiuteranno presto a spostare la tua realtà verso una maggiore cooperazione e ad abbandonare il pensiero della mancanza. Ricorda che l'universo è abbastanza grande da permettere a tutti di reclamare la propria abbondanza e che la vendita di qualcun altro non annulla il tuo potenziale di successo. Quando inizierai a praticare questo tipo di pensiero dell'abbondanza, comincerai ad attrarre più abbondanza nella tua vita sotto forma di ulteriori clienti, maggiori vendite e maggiore ricchezza di rete nel tuo settore di attività principale.

4 - LA SCOMMESSA IMPOSSIBILE DA PERDERE

Si tratta di una sorta di incrocio tra due giochi popolari che facevi da bambino: "Ti sfido..." e "Scommetto che...". Ammettiamolo, tutti vogliamo sentirci fortunati e scommettere sull'ignoto e sulla vincita è come sfidare la sorte. Quindi, come nel caso del gioco "Ti sfido...", sfiderai qualcuno a fare qualcosa di scandaloso e quando non lo farà, gli darai del codardo o peggio. Nel caso del gioco "scommetto su di te", cercavi di mostrare il tuo status o la tua intelligenza scommettendo su qualcuno che non sarebbe riuscito a batterti in un gioco a tua scelta. Entrambi questi giochi si basano sull'idea che farai qualcosa di straordinario se una certa scommessa si avvererà.

In questa strategia di marketing, però, sarai tu ad accettare una scommessa che ti sembrerà assolutamente oltraggiosa per dimostrare che ti sbagli e che ti costerà il prezzo del tuo prodotto o servizio.

In pratica dirai: "Ti sfido a dimostrare che ho torto, perché mi gioco il valore della mia offerta sulla mia convinzione di avere ragione". Più la sfida è sciocca, più è probabile che le persone accettino. Proprio come quando da bambino iniziavi con "Ti sfido a mangiare un insetto" e finivi per passare a cose come: "Ti sfido a chiedere un appuntamento a così e così". In questo caso, la tua scommessa deve sembrare una vera e propria possibilità di fallire e di sbagliare. Inoltre, le persone vorranno metterti in difficoltà facendoti perdere dei soldi, cosa che non accadrà se fai le cose per bene.

La strategia

In questa strategia, garantirai che se si verifica un determinato evento, darai ai tuoi clienti il prodotto gratis (restituendo i loro soldi), o almeno un prodotto aggiuntivo gratis. Questo tipo di offerta si rivolge a tutti, perché le persone non devono fare nulla di più per avere potenzialmente il tuo prodotto gratis. Si tratta invece di un gioco d'azzardo e molte persone puntano i loro soldi per giocare a un gioco d'azzardo, basti pensare alla lotteria, che funziona con lo stesso principio.

Il tuo gioco d'azzardo deve rispecchiare la nicchia di mercato in cui ti trovi. Ovviamente, non vorrai scommettere su qualcosa di completamente irrilevante, perché potrebbe degenerare rapidamente in assurdità e i tuoi clienti non otterrebbero alcun tipo di riconoscimento del marchio. Quindi, devi riflettere attentamente sulla tua nicchia di mercato e poi proporre una scommessa che sia in linea con essa e che si rivolga alla tua clientela.

Supponiamo che tu venda barili per la pioggia in un periodo di siccità. Potresti garantire in modo scandaloso che se pioverà così tanto entro una certa data, regalerai i barili per la pioggia. Oppure, se non vuoi farlo, puoi suggerire che festeggerai regalando ai clienti che hanno acquistato i barili per la pioggia un tagliaerba o un altro prodotto che vendi. In questo modo hai legato la tua offerta a un problema ambientale che è potenzialmente all'attenzione di tutti.

Se ti occupi di vendita di articoli per il giardino e il verde e hai aggiunto le botti per la pioggia alla tua offerta, questa può essere un'offerta che si rivolge ai tuoi dati demografici. È probabile che, se non piove, tu non riesca a guadagnare soldi da persone che non acquisteranno i tuoi prodotti per il giardinaggio. Quindi, è un buon momento per offrire la possibilità di scommettere che sei disposto a regalare i tuoi attrezzi da giardino e da giardino se piove un certo numero di centimetri entro una certa data. Questo stimolerà le vendite dell'unico articolo che potrebbero acquistare in caso di siccità: i tuoi barili per la pioggia. Tuttavia, se la pioggia dovesse tornare, i clienti avranno la garanzia di ricevere gratuitamente un altro articolo che potrebbero desiderare.

Sembrerà un affare troppo bello per essere vero! Da chi pensi che compreranno i loro barili per la pioggia? Spereranno così tanto nella pioggia da venire nel tuo negozio e acquistare i tuoi barili per la pioggia. Dal momento che nessuno può controllare il tempo, si tratterà di una scommessa ad alto rischio su cui potresti finire per perdere denaro, facendo credere ai tuoi clienti di aver fatto un affare ancora migliore!

Tuttavia, la tua scommessa garantita dovrebbe essere così specifica da sapere se i centimetri piovuti saranno misurati da un certo livello del lago e in un certo giorno. Non deve essere aperta all'interpretazione e deve essere sicuramente legata alla tua nicchia di mercato.

Psicologia

Perché questa strategia dovrebbe funzionare? Perché la lotteria funziona? Si basa sulla premessa che le persone possono ottenere qualcosa per niente, se sono disposte a correre un piccolo rischio. Quindi, a modo tuo, stai dicendo: "Ti sfido ad accettare questa offerta!". I clienti penseranno che sei tu ad assumerti tutti i rischi e si ritroveranno con un prodotto o con un prodotto gratuito.

Questa offerta si rivolge soprattutto alle persone che amano rischiare per ottenere grandi guadagni. Può trattarsi di un imprenditore, di un atleta o anche di un attivista. Facendo appello alla passione del momento e stimolando l'etica della partecipazione, i clienti si sentiranno pronti ad acquistare il tuo prodotto.

In realtà, se crei la tua offerta in modo corretto, puoi gestire il rischio in modo che, se la scommessa non funziona a tuo favore, hai un'assicurazione per compensare il costo delle tue perdite. Oppure, puoi offrire di regalare alcuni prodotti informativi agli acquirenti di un prodotto correlato, se un certo evento o qualcosa su cui hai scommesso si avvererà. Questo sarà comunque considerato un ottimo affare, soprattutto se normalmente vendi l'infoprodotto a un prezzo elevato.

Regalare un infoprodotto è uno dei modi più sicuri per attuare questa strategia perché non devi pagare per crearne uno nuovo, ma solo per farne una copia. Non devi nemmeno pagare per consegnarlo, perché puoi inviarlo via e-mail. Inoltre, ti dà una scusa per raccogliere le e-mail di persone che potrebbero acquistare un prodotto da te e che altrimenti non vorrebbero offrirtelo. Se accettano l'offerta, puoi aggiungere ai termini del contratto che accettano che il loro indirizzo e-mail venga utilizzato per consegnare il prodotto gratuito, se si verifica l'evento, e per inviare altre offerte e materiale promozionale. Poi, se l'evento si verifica, fai un invio di massa che suscita shock e sgomento, ma hai anche molte più persone nella tua lista di contatti diretti. E non ti costa nulla produrlo, anche se perdi la scommessa.

Quindi, puoi fare un'offerta scandalosa e guadagnare come un bandito!

Attuazione

Le fasi di attuazione della tua strategia di scommessa garantita possono variare a seconda dei prodotti o servizi che vendi e del mercato concorrente che viene associato alla tua offerta. Tuttavia, un esempio di implementazione di questa strategia potrebbe seguire i seguenti passi:

- Esamini la tua nicchia di mercato e decidi un articolo che vuoi vendere.

- Valuta se puoi permetterti di regalare l'articolo se la tua scommessa garantita va a tuo sfavore o se preferisci offrire un omaggio nel caso in cui si verifichi questo evento.

- Se scegli un articolo aggiuntivo, assicurati che sia in linea con la tua nicchia di mercato.

- Non dimenticare di considerare le spese di spedizione aggiuntive se decidi di spedire un nuovo prodotto o di inviare un infoprodotto in modo da non avere costi di spedizione aggiuntivi.

- Pensa a come formulare la tua offerta per farla sembrare un affare incredibile. Assicurati che si tratti di un'offerta che rientra nel tuo mercato e non di qualcosa che non sia poi associato alla tua azienda.

- Usa parole nella tua offerta per descrivere la tua scommessa garantita che richiamino il divertimento e la follia della tua offerta. Ne parleremo più avanti nella sezione dedicata alla personalizzazione.

- Imposta l'offerta sul tuo sito web. Le condizioni devono essere molto esplicite, in modo da non lasciare spazio a fraintendimenti in seguito.

- Se vuoi, puoi anche sottoporla a un avvocato per assicurarti di promettere solo ciò che pensi di promettere.

- Per aderire all'offerta, il cliente deve fornire il proprio indirizzo e-mail e l'indirizzo di casa (per gli articoli fisici) e accettare di essere contattato via e-mail per aggiornamenti, novità e altro dal tuo sito web.

- Non utilizzare sconti con questa offerta, ma fai sempre intendere che stai regalando un prodotto di valore pieno.

- Tieni traccia di chi acquista il tuo prodotto e che potrebbe avere diritto a un prodotto gratuito in caso di sconfitta.

- Tieni i tuoi clienti incollati al tuo sito web, facendo leva sulla possibilità che tu possa perdere la scommessa e su quanto sei vicino a perderla. In questo modo aumenterai il traffico e avrai un pubblico prigioniero a cui vendere altri prodotti durante il periodo dell'offerta.

- Se necessario, copri la tua scommessa con un'assicurazione.

- Se perdi, invia subito il prodotto gratuito e ringrazia i clienti per la loro partecipazione alla promozione.

- Continua a promuovere gli altri prodotti a questi nuovi clienti, dato che hanno dovuto accettare queste condizioni per partecipare.

Personalizzazione

La personalizzazione di questa strategia avviene principalmente attraverso la formulazione o i tipi di prodotti offerti. Qualsiasi cosa tu scelga, deve essere intimamente associata alla tua nicchia di mercato. Se vendi biciclette, non vorrai regalare biancheria intima, a meno che non si tratti di pantaloncini sportivi per ciclisti. Se offri attrezzature sportive, non vuoi regalare pentole da cucina perché 1) non interessano alla tua nicchia di mercato e 2) il prodotto gratuito non gli ricorderà nulla di te in seguito. Quindi, lo scopo di scegliere articoli che siano associati al tuo mercato è duplice. Deve essere così attraente da far pensare che ne valga la pena e deve essere un'offerta incredibile che li faccia sentire stupidi per non aver accettato.

Esempi di possibili offerte per mercati di nicchia possono essere i seguenti:

Se Tiger Wood vince gli US Open nel 2013, ti regalo un set di palline da golf con timbro commemorativo (in questo caso avresti perso, ma hai capito l'idea) se i clienti acquistano un articolo specifico legato al golf nel tuo negozio di articoli sportivi.

Nel caso della siccità, sai che le persone controllano i livelli di pioggia nella loro zona quando iniziano le restrizioni idriche. Se sei un negozio di giardinaggio, puoi legare la tua offerta a questo fenomeno, facendo sì che la siccità diventi uno strumento di marketing per te, quando normalmente le persone non pensano alle altre offerte del tuo negozio.

L'offerta potrebbe dire: "Acquistare barili a pioggia in un periodo di siccità è una mossa intelligente! Ma cosa succede se inizia a piovere? Siamo disposti a darti il barile della pioggia gratuitamente (rimborsandoti i soldi) se ci saranno 20 pollici di pioggia dal 1° gennaio al 15 maggio!

Un'ulteriore personalizzazione potrebbe essere fatta per smuovere i venditori lenti, legandoli alla tua scandalosa scommessa garantita. Se non vendono comunque, aggiungendo un ulteriore incentivo all'acquisto, otterrai più ordini. Se devi rimborsare il denaro, è probabile che tu riesca a farlo in modo che coincida con la stagione della semina e che i venditori siano pronti per iniziare a lavorare con i loro giardini.

Il fattore tempo è l'ultimo modo in cui puoi personalizzare queste offerte, come mostrato sopra. Se stai cercando di vendere articoli particolari entro una data specifica, puoi inserirle in occasione di eventi come il Natale o il Ringraziamento, a patto che l'offerta sia in linea con le tue offerte e non sembri artificiosa. Se fai un'offerta nel periodo natalizio, hai il vantaggio di acquisire nuovi clienti al momento giusto e offrire loro un prodotto gratuito può farti ottenere molte più vendite al momento giusto.

5 - OFFERTE SPECIALI CON BONUS

Questa strategia di marketing, a differenza di altre, può essere utilizzata anche per i programmi di affiliazione. In questo caso, farai in modo che i tuoi acquirenti si sentano molto intelligenti e ricevano un bonus, ma solo se acquistano prima un particolare prodotto che stai promuovendo. Il motivo è che li interrogherai su alcuni aspetti del prodotto che hai venduto per fargli ottenere il bonus.

Strategia

Quindi, invece di promuovere il prodotto che stai vendendo, indovina un po'? Promuoverai i bonus offerti. Dovrai creare una pagina di vendita che parli prima di tutto di questa fantastica offerta bonus gratuita, in modo da invogliare il lettore a desiderare il tuo prodotto. L'offerta bonus deve essere qualcosa di correlato al prodotto originale, nella nicchia di mercato, e deve essere percepita come qualcosa di alto valore, indipendentemente dal fatto che la sua produzione costi effettivamente tanto o meno.

Ad esempio, supponiamo che tu stia commercializzando un corso di contabilità. Potresti creare un'offerta di affiliazione che offre gratuitamente un software fiscale o contabile. L'offerta dovrebbe essere qualcosa che sembra valere centinaia di dollari, anche se tu stesso non pagherai così tanto. Tuttavia, vuoi promuovere un software gratuito e un pacchetto speciale di programmi di contabilità per le persone che hanno acquistato il tuo corso, ma con una fregatura. Devono rispondere a una piccola domanda per dimostrare che hanno fatto i compiti con te sul tuo prodotto originale.

Perché fai fare i salti mortali agli acquirenti del tuo programma per ottenere il tuo bonus? Perché li fa sentire intelligenti per aver ottenuto il bonus. Inoltre, non vedranno l'ora di raccontare ai loro amici quanto materiale gratuito hanno ricevuto perché hanno saputo rispondere correttamente alla tua domanda.

Quindi, hai creato la tua pagina di vendita e in cima alla pagina, a caratteri cubitali, dovresti scrivere: Rispondi a questa domanda qui di seguito e ottieni gratuitamente altri 400 dollari di software per la contabilità e le tasse!

Poi, subito sotto, in caratteri più piccoli, fai sapere che devono acquistare il tuo prodotto originale per rispondere alla domanda e ottenere i bonus gratuiti. L'offerta è aperta solo ai clienti che hanno già acquistato un prodotto originale di cui parli su questo sito. E, se possiedono quel prodotto, stanno per incassare un incredibile bonus riservato a coloro che rispondono correttamente alla domanda.

Quindi, fai la domanda e ricorda di collegarla al tuo prodotto originale. Quindi, per quanto riguarda il corso, potresti dire che nel video del corso intitolato "Tasse" qual è la parola che Joe Smith ha usato per descrivere il momento delle tasse all'inizio del video? Frantic, forse è la parola che vuoi che inseriscano in questo mini-quiz per ottenere l'offerta bonus.

Psicologia

Ti starai chiedendo come funziona questo sistema per aumentare le vendite quando stai semplicemente regalando un bonus. La strategia non consiste nell'offrire un bonus alle persone che hanno già acquistato il tuo prodotto, anche se in apparenza sembra così. Inoltre, al lettore medio non sfuggirà che in realtà stai cercando nuovi clienti che stanno ancora cercando di decidere se acquistare o meno.

La pagina di vendita potrebbe anche non essere associata al tuo sito web e qualcuno potrebbe imbattersi in essa senza aver mai sentito parlare del tuo corso. Magari hanno cercato su Google "tasse" e hanno trovato la tua offerta. Qui trovano una splendida descrizione di un'offerta bonus disponibile solo per gli acquirenti di un determinato prodotto. Ora si chiederanno: se il bonus è così grande, quanto sarà migliore il tuo corso? Perché non comprare il corso, ottenere il bonus e sentirsi bene per aver ottenuto due cose al prezzo di una? Il fatto che tu non stia semplicemente regalando un bonus ai tuoi clienti, ma che li faccia lavorare per ottenerlo, rappresenta un ulteriore incentivo all'acquisto per le persone che si considerano acquirenti intelligenti.

C'è anche la possibilità che tu sia una delle poche persone che hanno visto l'offerta e che hanno azzeccato la risposta, quindi fai parte di un club di persone che hanno dimostrato di avere l'intelligenza necessaria per vincere le cose belle della vita. È un modo per appartenere o identificarsi con persone intelligenti che ottengono buoni affari.

Non dimenticare che l'argomento del tuo quiz può essere orientato verso i due diversi motivatori delle performance di vendita: la paura e il desiderio. In questo modo i clienti possono desiderare di evitare una perdita o di provare una sorta di piacere nel dare la risposta giusta. Non sottovalutare il potere della psicologia, anche quando si tratta di una singola domanda. La domanda non deve necessariamente riguardare un fatto noioso, ma può essere qualcosa di simile: "Cosa ha detto Ann Smith a pagina 21 che è il primo modo per risparmiare sulla spesa?". Ovviamente, il lettore potrebbe non conoscere la risposta, ma il suo interesse potrebbe essere sufficientemente stimolato a scoprire come risparmiare sulla spesa da far leva sulla psicologia dell'avversione alla perdita e quindi acquistare il tuo prodotto grazie al bonus e alla domanda che lo ha attirato.

Attuazione

Le fasi di attuazione della tua strategia di offerte speciali per acquirenti intelligenti possono variare a seconda dei prodotti o servizi che vendi e del bonus che viene associato alla tua offerta. Tuttavia, un esempio di implementazione di questa strategia potrebbe seguire i seguenti passi:

- Scegli un prodotto o un pacchetto bonus che sia sufficientemente distintivo e specifico da poter essere utilizzato per sviluppare un quiz di domande per i tuoi clienti e che tu possa permetterti di regalare. Assicurati che sia percepito come valido per la tua nicchia di mercato.

- Scegli un prodotto correlato della tua linea che vuoi incrementare le vendite o promuovere.

- Prendi nota se si tratta di un'offerta di un affiliato o di un tuo prodotto.

- Scrivi una pagina di vendita per promuovere il prodotto bonus.

- Dopo aver descritto in termini entusiastici l'offerta di bonus, scrivi subito che l'offerta è riservata a coloro che acquistano il prodotto associato da te perché devono rispondere a una domanda a quiz relativa all'altro prodotto per ottenere il prodotto bonus.

- Assicurati di inserire un link all'articolo a prezzo normale in modo che possano acquistare la tua offerta per partecipare all'offerta bonus.

- Poi, nella pagina di vendita, inserisci una domanda molto specifica associata al tuo prodotto normale. Ad esempio, in una pagina particolare, qual è la parola di cinque lettere che descrive alcuni acquirenti? La risposta potrebbe essere "intelligente".

- Predisponi un'area in cui i clienti possano scaricare automaticamente il tuo prodotto bonus se azzeccano la risposta, se i prodotti bonus sono infoprodotti e se l'offerta è la tua.

- In caso contrario, dovrai creare una pagina di ringraziamento per la risposta corretta in cui i clienti possano inserire il numero di ricevuta dell'offerta affiliata prima di portarli al bonus gratuito.

- Cerca degli script da installare sul tuo sito web, se vuoi automatizzare il tutto senza programmarlo da zero.

Questa strategia, a differenza di altre offerte, richiede un po' di pianificazione e programmazione iniziale. Se hai una presenza online, ti serviranno degli script o dovrai assumere uno sviluppatore web che ti aiuti a installare gli script. Quindi, dovrai investire un po' di più per rendere questa strategia attiva e funzionante rispetto alle altre offerte. Tuttavia, una volta avviata, potrai utilizzare questa strategia con più prodotti e offerte bonus, semplicemente impostando le loro pagine di vendita individuali.

Personalizzazione

Questa strategia funziona quando stai cercando di aumentare le vendite di un prodotto in particolare o anche quando vuoi semplicemente attirare l'attenzione su più prodotti del tuo sito web, senza essere specifico. Le persone amano i rompicapo e i quiz sul web sono molto popolari. Inoltre, se operi in una nicchia di mercato che potrebbe avere bisogno di educare i consumatori, puoi offrire un bonus speciale a chi fa un quiz su qualche aspetto della tua attività.

Ad esempio, se le vendite sono scarse ma il traffico sul tuo sito è molto intenso. Puoi offrire uno speciale per gli acquirenti intelligenti su un prodotto e questo aumenterà le possibilità di ottenere più vendite.

Tuttavia, cosa succede se non c'è traffico? Come puoi pensare di ottenere vendite con il tuo speciale per acquirenti intelligenti se non ne arrivano abbastanza? Ovviamente, puoi anche utilizzare le domande del quiz per attirare un pubblico di acquirenti intelligenti che rientrano nella tua fascia demografica. In genere si tratta di domande a quiz di carattere generale e informativo che promuovi in altre aree di Internet.

Pubblicherai il quiz e poi andrai sui portali che ospitano persone appartenenti alla tua nicchia demografica e pubblicherai il fatto che hai organizzato un divertente quiz per testare le loro conoscenze su un argomento specifico. Se rispondono correttamente a tutte le domande, riceveranno un omaggio! Con questa strategia puoi aspettarti molto più traffico e ora che hai le persone che amano essere messe alla prova e i loro indirizzi e-mail, puoi continuare questo tipo di marketing con notifiche e-mail e prodotti specifici.

Per questo motivo, non limitare questa strategia al solo WWW. Puoi utilizzare la stessa strategia come un gioco divertente nella tua newsletter o anche inviare una cartolina in prossimità delle stagioni in cui le persone potrebbero avere un interesse maggiore o più soldi in tasca da spendere per te. In questo modo il tuo nome sarà sempre presente tra i potenziali clienti e aggiungerai anche un po' di divertimento al tuo sito.

Perché non provare questo approccio per generare vendite ripetute? Diciamo che qualcuno viene sul tuo sito e acquista un prodotto che non aveva un'offerta bonus. Quando impacchetti l'articolo o lo consegni online, perché non dirgli che potrebbe essere interessato a un'altra offerta con un bonus gratuito? Tutto ciò che devono fare è rispondere a una semplice domanda, una volta acquistato il prodotto.

Questa strategia è così efficace e facilmente personalizzabile che inizierai presto a vedere modi creativi per utilizzarla per generare non solo vendite, ma anche un pubblico vincolato. Ad esempio, vuoi organizzare un grande seminario a pagamento in cui intendi educare e promuovere il tuo corso, ma vuoi garantire la presenza di un certo numero di persone al seminario.

Puoi creare una pagina di vendita con il tuo corso e spiegare che a coloro che parteciperanno al seminario a pagamento che si terrà in un luogo e in un orario specifici, fornirai un bonus gratuito se si registreranno e pagheranno in anticipo e risponderanno a una semplice domanda sul modulo di registrazione. Questa domanda potrà poi essere utilizzata per ricerche di marketing per indirizzare al meglio le vendite dei prodotti che intendi promuovere durante il seminario. E, naturalmente, saprai quanto pubblico aspettarti e quanti nuovi clienti potresti avere per futuri progetti di marketing.

Le domande di tipo educativo possono aiutare il pubblico a capire perché i tuoi servizi sono importanti e come si differenziano da altri fornitori dello stesso prodotto o servizio. Ad esempio, supponiamo che tu sia un agente immobiliare specializzato in pignoramenti. Pubblichi un quiz che dice: "Scegli i cinque modi diversi in cui puoi evitare il pignoramento" e ricevi un bonus gratuito "Come guadagnare con i pignoramenti". Il bonus gratuito potrebbe essere un opuscolo promozionale che spiega alcuni dei modi in cui i tuoi servizi possono aiutare le persone che stanno affrontando un pignoramento o gli investitori che lo stanno acquistando.

Ricorda che esistono molti script diversi per una varietà di formati di quiz. Lo speciale più semplice per gli acquirenti intelligenti prevede solo una domanda che richiede l'acquisto di un altro prodotto per conoscere la risposta giusta. Tuttavia, quando inizierai a espandere questa strategia, potresti voler capire come utilizzare diversi formati di quiz per rendere il gioco più divertente e continuare a sfruttare questa strategia senza diventare noioso o prevedibile. Hai a che fare con persone che amano essere messe alla prova, quindi devi avere qualcosa che le attragga, non solo le solite cose.

6 - CLUB TOP SECRET

È molto lusinghiero per l'ego essere invitati in un club segreto. Dà un senso di appartenenza e di particolarità che può essere irresistibile da negare. Allora, perché non sfruttare lo stesso tipo di bisogno di appartenenza o di approvazione per creare un'offerta irresistibile per le persone che guardano i tuoi prodotti online? È molto più facile di quanto pensi, perché la tecnologia del WWW si basa sulla codifica che sta dietro alla pagina di testo.

Il linguaggio di programmazione delle pagine web è principalmente l'HTML (HyperText Markup Language), per le pagine statiche. Si tratta di pagine che non si basano su database di backend per generare nuove pagine, ma che rimangono sempre uguali. Quando programmi un link per un altro indirizzo web (URL), utilizzi l'HTML per inserire un codice speciale nella pagina che porterà gli utenti a un'altra pagina. Questa caratteristica speciale dell'HTML può rendere molto facile la programmazione di una semplice porta segreta per un club segreto privato su Internet.

La strategia

La strategia consiste nell'offrire un po' di divertimento e un fattore cool alla tua offerta. Non sarà solo la porta segreta a essere considerata cool, ma anche la sensazione di "essere cool" che si prova ad essere un cliente speciale che viene invitato a varcare l'ingresso del club segreto.

Vorrai invitare un segmento della tua nicchia di mercato al club segreto, attraverso una speciale porta segreta programmata in una parte della tua pagina di vendita. Il codice non apparirà ovvio al lettore medio, ma sarà qualcosa di cui dovrai essere informato, o in una speciale email di notifica a quel segmento di clienti.

Potresti voler premiare i tuoi clienti migliori con un bonus speciale, solo per aver acquistato più di una certa quantità di prodotti o servizi da te. Forse vuoi fornire informazioni sul link a coloro che hanno partecipato a un particolare seminario o evento. Tuttavia, non vuoi fare in modo che tutti abbiano la possibilità di giocare, per così dire, solo alcune persone selezionate che hai scelto per ricevere le informazioni necessarie per ottenere i bonus gratuiti.

Questa strategia la offrirai online, nelle personalizzazioni, ma imparerai a farla anche per i tuoi clienti offline. L'idea è quella di inserire una sorta di codice segreto che il cliente deve riconoscere per poter accedere a un bonus o a un'offerta di sconto. Questo ti dice diverse cose: chi si prende il tempo di leggere il tuo sito web o la tua documentazione e se questi incentivi funzionano o meno con il tuo segmento di mercato. Nella sezione dedicata all'implementazione di questo capitolo discuteremo esattamente il tipo di codifica di cui hai bisogno nel tuo HTML per ottenere i risultati che desideri.

La psicologia

La psicologia si basa su due principi: il riconoscimento e il desiderio di far parte di un gruppo esclusivo. Forse il tuo sito non offre un programma di iscrizione in vendita, ma questo non significa che le persone non possano guadagnare punti in base agli acquisti effettuati per avere accesso a offerte speciali. In questo modo è possibile fidelizzare i clienti e dare loro la sensazione di essere molto apprezzati.

È come un sistema di valutazione in cui tu valuti i tuoi clienti e decidi quali possono entrare o meno nel tuo club segreto. Tutto ciò che il cliente deve fare è soddisfare alcuni requisiti di base basati sulla sua attività sul tuo sito. Puoi anche parlare del tipo di offerte che i tuoi clienti speciali hanno ricevuto in segno di apprezzamento per contribuire a creare un po' di invidia e far sì che altri vogliano entrare nel club segreto.

Se vuoi dare un tocco in più a questa designazione di un tipo speciale di membro, puoi anche fornire delle icone speciali che i membri vedranno quando si collegheranno al tuo sito, in modo che possano capire quanta strada devono fare per entrare a far parte di un club speciale all'interno del tuo sito. Oppure, se il tuo sito è un club che offre alle persone la possibilità di visualizzare i nomi degli altri, puoi aggiungere le icone accanto ai nomi degli utenti. In questo modo si aggiunge una forma di elitarismo al sito e si impressionano le altre persone che potrebbero voler diventare clienti di livello superiore.

Un'azienda che si comporta molto bene in questo senso è eBay. Utilizza la denominazione di Powerseller con icone per distinguere le persone che utilizzano i suoi servizi più di altre. Offrono ai membri di questo club speciale l'accesso a un maggior numero di prodotti, servizi e sconti sulle tariffe che i membri regolari possono ottenere.

Tuttavia, camuffano abilmente il nome da "powercustomer dei servizi eBay" a "Powerseller" dei loro prodotti. Se vendono di più su eBay, è chiaro che comprano di più su eBay e generano più commissioni di vendita per eBay. Quindi, la designazione di essere in un club speciale li fa apparire potenti ed esperti. Tuttavia, chi beneficia davvero di questo accordo è eBay, che ora sa su quali clienti concentrare le proprie risorse per generare maggiori profitti.

Quindi, fai attenzione al nome che dai al tuo club. Devi dare un nome che implichi che il cliente è potente o intelligente o che ha uno status elevato rispetto agli altri membri o clienti del tuo sito. Non vuoi che venga visto come una tangente, ma piuttosto come un riconoscimento dell'alto valore di alcuni membri per la tua azienda.

Attuazione

Il livello di difficoltà nell'implementare la strategia dell'invito a un club speciale dipende dalla complessità che deciderai di realizzare. Avrai a disposizione un solo livello di distinzione o più iscrizioni? Saranno gratuite o a pagamento? Quali prodotti o servizi offrirai per distinguere questi clienti e per avere maggiori opportunità di marketing? Sai programmare l'HTML o dovrai assumere qualcuno? Devi aggiungere una programmazione speciale per tenere traccia dei nomi utente e delle password per un sito associativo? Come puoi vedere, questa strategia può essere semplice o complessa quanto vuoi. Il punto è sempre lo stesso: vuoi invitare le persone a un club segreto dove riceveranno dei vantaggi che gli altri non hanno.

I passaggi per implementare la tua strategia di invito a un club segreto possono variare molto, a seconda di ciò che decidi di attuare. Tuttavia, di seguito è riportato un esempio di implementazione della forma più semplice di questa strategia:

- Crea una pagina di vendita uguale a tutte le altre. In questa pagina venderai un prodotto o un servizio e non dovrai mostrare alcuna indicazione che al suo interno sia nascosta un'offerta speciale.

- Aggiungi alla pagina un codice HTML su un'immagine, un punto in una frase, un trattino o un punto esclamativo che porterà gli utenti alla tua offerta bonus o alla pagina degli sconti.

- Il codice HTML della frase con l'offerta sarà simile a questo se lo usi con un punto esclamativo:

Mi fa sentire speciale e intelligente sapere che c'è un codice a cui posso accedere alla fine di questa frase cliccando sul punto esclamativo <a style="text-decoration:none" href="http://www.mywebsite/myspecialoffer.html">!</a>

Naturalmente, la frase non indicherà che c'è un'offerta speciale, ma sarà semplicemente una frase che sembra normale, come tutte le altre, tranne che per la codifica extra nell'HTML per creare una porta segreta.

- Nel caso di un'offerta di sconto, imposta la pagina di sconto in modo che mostri un codice coupon elettronico che i clienti possono utilizzare quando compilano la pagina dell'ordine di vendita che hanno appena lasciato. I clienti possono annotare il codice coupon e ottenere un'ulteriore percentuale di sconto sul prezzo indicato nella pagina di vendita.

- Nel caso di un'offerta bonus, non dovranno nemmeno acquistare il prodotto nella pagina di vendita per ottenere il regalo di apprezzamento per aver già soddisfatto i tuoi requisiti per entrare nel club segreto. Se vuoi offrire un'offerta bonus di apprezzamento, allora puoi impostare un codice per la porta segreta che li porti direttamente alla pagina di download per ottenere il regalo segreto di apprezzamento.

- Infine, puoi offrire un'offerta bonus per coloro che acquistano il tuo prodotto, simile all'offerta speciale per gli acquirenti intelligenti. In questo caso, la porta segreta li condurrà a un'altra pagina di vendita in cui l'offerta bonus è inclusa per aver attraversato la porta segreta e potranno ordinare da lì.

- Dal momento che i motori di ricerca scorreranno tutte le pagine web del tuo sito a meno che tu non glielo impedisca, ti suggeriamo di utilizzare una codifica aggiuntiva sulle pagine segrete per indicare ai motori di ricerca di non scorrere la pagina. In questo modo eviterai che gli opportunisti che non fanno parte del tuo club segreto la trovino semplicemente inserendola tra i risultati delle loro ricerche. Puoi farlo modificando il file robots.txt nell'area del tuo sito web.

- Nel file robots.txt dovrai includere quanto segue:

User-agent: *
Disallow: /ilmiosito/myspecialoffer.html
(L'asterisco indica a TUTTI i motori di ricerca di
ignorare questa pagina web).

- In seguito, invierai un'e-mail per avvisare le persone
del segmento di mercato che hai identificato come
acquirenti di potere e far loro sapere che c'è un'offerta
speciale per quelle persone che vuoi apprezzare o
rafforzare.

- Esistono altri modi per tenere lontani i potenziali
opportunisti dalla tua pagina, ma sono troppo
complessi per entrare nel merito. Puoi proteggere il
sito con dei file .htaccess e impostare dei criteri di
sicurezza per i membri, ma per implementarli
correttamente è necessario un programmatore web
esperto.

Personalizzazione

Come già detto, puoi personalizzare questa strategia
per includere più prodotti, più livelli di iscrizione e club
segreti. Quanto più complessa sarà questa strategia,
tanto più sarà necessario assumere un programmatore
per realizzarla online. Tuttavia, puoi anche
personalizzare questa strategia per lavorarci offline e
tenere traccia delle cose manualmente fino a quando
non potrai permetterti di assumere i servizi di un

programmatore professionista. La differenza di costo tra l'invio delle cartoline e l'assunzione di un programmatore potrebbe essere sufficiente per farti decidere di seguire questa strada.

Allora, ti ricordi quando ricevevi per posta le cartoline dell'associazione AAA che ti offrivano un bonus gratuito se leggevi l'intera lettera e trovavi il modo segreto per ottenere un maggiore profitto? L'idea è la stessa, solo che il club segreto non è guidato da una distinzione di classe, ma da una distinzione di "smart shopper". In ogni caso, puoi utilizzare questa idea per creare la tua campagna di marketing che offre ai tuoi clienti attuali la possibilità di aggiornare la loro iscrizione e di ottenere un bonus speciale se leggono la lettera e scoprono come spedire per posta o via e-mail la loro accettazione, includendo una frase speciale nell'e-mail, rimuovendo un adesivo e posizionandolo in un punto speciale del modulo di restituzione inviato per posta, oppure inviandoti al tuo sito web dove possono trovare la porta di servizio in una pagina di iscrizione, invece che in una pagina di vendita.

Quando utilizzi i metodi offline, dovrai lavorare con formati semplici come la cartolina e cercare di capire quali sono gli elementi che attraggono il tuo segmento di mercato. Vorrai tenere traccia dei tuoi iscritti offline e questo elimina la necessità di sicurezza, di password e di tracciamento del nome dell'utente che invece sono necessari online. Man mano che i tuoi iscritti crescono, potresti decidere di offrire anche dei vantaggi online.

Fino ad allora, però, potresti scoprire che questo tipo di invito a un club segreto è meno complesso e più facile da gestire rispetto a quello online, che richiede costi iniziali per la programmazione e il supporto tecnico.

È bello sapere che hai la possibilità di personalizzare l'offerta in qualsiasi modo, anche inviando alle persone offline delle speciali tessere di adesione, invece di utilizzare delle icone, per farle identificare con i tuoi prodotti e servizi. Se hai anche un negozio al dettaglio, oltre a una presenza online, puoi utilizzare le tessere che raccolgono i timbri ogni volta che un cliente acquista per aiutare le persone a ricevere sconti e promozioni speciali. L'idea è sempre la stessa e può essere inclusa anche nelle tue offerte online per creare interesse nelle offerte del tuo sito.

7 - QUALCUNO MI FACCIA DA MENTORE

Questa strategia è ideale per i prodotti o i servizi che stai pensando di creare o offrire, ma vuoi prima sondare la domanda del mercato. Anche se la tua offerta si presenta come una richiesta di aiuto o di tutoraggio, ti aiuterà a capire a chi devi rivolgerti per le vendite e come puoi includere informazioni rilevanti per questo segmento di mercato.

Dovrai rendere la richiesta di aiuto il più personale possibile, in modo che sembri che tu l'abbia inviata solo a un numero ristretto di persone di cui apprezzi l'opinione. È più probabile che una persona risponda se sente che l'appello è diretto specificamente a lei, piuttosto che a un gruppo. Utilizzerai quindi la tecnologia per rendere l'appello personale e allo stesso tempo ringraziarli per aver accettato di farti da mentore per i tuoi problemi.

La strategia

La strategia è semplice da attuare, ma richiede la comprensione di come raccogliere i frutti dell'assistenza da parte dei tuoi clienti. Non devi pensare che l'obiettivo sia quello di vendere subito un prodotto. Infatti, questa strategia tende a funzionare bene per i prodotti che non sono ancora stati creati. Sei in procinto di crearli e, una volta ricevuti i suggerimenti del mercato, potrai modificare il prodotto per adattarlo alle richieste del mercato.

Quindi, in questo caso, stai inviando un'email di massa alle persone che si sono già iscritte al tuo sito e/o che hanno acquistato alcuni dei tuoi prodotti. Lo scopo di questa e-mail sarà quello di chiedere aiuto per un nuovo prodotto che stai sviluppando. Puoi suggerire che il prodotto è completo, ma potrebbe aver tralasciato qualcosa e vuoi che sia completo. Per questo motivo, contatterai questa persona specifica per sapere se ci sono altre cose che vorrebbe vedere nel tuo argomento e che potrai includere nel prodotto di prossima uscita.

Non inviare un'email di massa a persone che hai preso da una lista, perché le spammerai. Inoltre, è chiaro che anche se puoi usare il loro nome di battesimo, non hai alcun rapporto precedente con la persona e quindi la tua richiesta di "farmi da mentore" sembra patetica e manipolatoria. Evita di utilizzare questo approccio in contesti che possano insultare l'intelligenza del destinatario o che possano sembrare un trucco stupido. Ci sono già abbastanza persone che pensano che aggiungendo un nome personale a un'email di spam di massa otterranno una vendita. È più probabile che vengano segnalati per abuso di spam.

Nella lettera, ti rivolgerai al tuo cliente con il suo nome aggiungendo una programmazione che utilizza il tuo database di clienti per unire il tutto in un modulo di lettera. Se non l'hai mai fatto prima, puoi aprire Microsoft Word e cercare lettere di posta elettronica unificate. Il concetto è lo stesso. Prendi un database di nomi e crea un modulo di lettera. Quando il nome di una persona viene inserito nel modello, viene inserita una codifica che di solito è $nome (o il nome del campo nel tuo database accanto al segno $). Quando invierai la lettera via e-mail, il sistema estrarrà le informazioni corrette dal tuo database o dall'elenco dei contatti, in modo che ogni persona riceva una richiesta di tutoraggio individuale. Il bello di questo metodo online è che non dovrai fare etichette postali separate e riempire buste per far funzionare questo approccio molto personale.

Alla fine della lettera, di cui parleremo nella sezione dedicata all'implementazione di questo capitolo, aggiungerai un post scriptum per informare le persone che leggono le tue lettere via e-mail che riceveranno un ringraziamento speciale da parte tua per aver partecipato. Se rispondono alle email, avrai impostato un indirizzo email speciale nel tuo sito web per ricevere le risposte e per rispondere automaticamente con il tuo ringraziamento speciale, che può essere uno sconto o un'offerta bonus.

Dobbiamo parlare un po' di più della strategia, in termini di cosa puoi ottenere oltre alle vendite. In realtà stai impostando il tutto per ottenere prenotazioni per un prodotto che non hai ancora creato. Un numero minimo di risposte significa che probabilmente dovrai cambiare argomento o decidere di abbandonare del tutto il progetto. Una volta ricevute le risposte, le leggerai e le utilizzerai per sviluppare un prodotto fantastico che soddisfi le esigenze di tutti coloro che hanno risposto. Se sentirai ripetere sempre le stesse cose, saprai che sono proprio questi gli aspetti che dovrai mettere a fuoco per rendere l'offerta irresistibile. I grandi temi individuati dai tuoi mentori saranno gli stessi che faranno vendere il tuo prodotto anche quando svilupperai la pagina di vendita. Saranno i tuoi vantaggi. Il feedback è prezioso anche per aiutare a migliorare altri prodotti della tua linea, che dovrebbero aumentare le vendite in quelle aree.

Infine, potrai inviare alle persone che hanno risposto al tuo appello di mentorship un'e-mail mirata che offra loro uno sconto o un bonus se decidono di acquistare il prodotto finale. Potresti anche creare un'offerta speciale per gli early bird, perché apprezzi molto il loro contributo.

Psicologia

La psicologia di questa offerta deve essere molto sottile. Si rivolge alle persone che hanno un forte orientamento al servizio. Può anche interessare le persone che vogliono sentirsi nella posizione di poter aiutare gli altri grazie alle loro conoscenze. Se scrivi l'offerta nel modo giusto, può anche interessare le persone che vogliono costruire relazioni che offrano loro un senso di riconoscimento e valore. Devi però fare attenzione a non abusare di questa strategia. La psicologia funziona solo se non sei visto come uno che invia email ad alta manutenzione e che ha costantemente problemi che richiedono l'intervento di altre persone (rendendoti così meno esperto nel tuo campo) o come qualcuno che è manipolatore, con un'offerta di vendita mal camuffata.

Devi testare questa strategia per assicurarti che i tuoi destinatari ricevano un'e-mail unificata e non il codice vero e proprio. Questo può accadere facilmente se non utilizzi la tecnologia in modo corretto ed è un grande indizio per il destinatario che hai inviato un'email di massa e che non sei realmente interessato alla sua partecipazione o alle sue conoscenze. A quel punto, la tua e-mail risulta offensiva e sciatta.

Cerca invece di creare un'atmosfera calda e amichevole all'interno della lettera che dimostri che sei interessato a creare un rapporto migliore con gli altri. La chiave è il rapporto. Stai chiedendo di migliorare il tuo rapporto con i clienti, passando da una relazione di conoscenza a una relazione più intima. Le persone valutano davvero gli altri quando decidono di fare o meno questo passo. Quindi, nella prima email devi apparire amichevole, non minaccioso e senza alcun programma di vendita mirato.

Attuazione

I passi per implementare la tua strategia Mentor Me dovrebbero includere un percorso molto sottile e tortuoso per arrivare alla vendita finale, in modo che non sia evidente che questo era il tuo intento iniziale. Un esempio di implementazione di questo tipo di percorso per la strategia Mentor Me è riportato di seguito:

- Decidi un argomento o un prodotto che pensi possa interessare la tua nicchia di mercato e migliorare la tua linea di prodotti. Scegline uno che pensi possa avere un'alta domanda.

- Se non hai un database, creane uno con i nomi dei tuoi clienti, separati in due campi, nome e cognome. Tuttavia, probabilmente hai già un database, anche se non te ne rendi conto. Si tratta dell'elenco di indirizzi e-mail presenti nell'area dei contatti del tuo client di posta elettronica. Questi possono essere importati ed esportati, se hai bisogno di usarli e il tuo client di posta elettronica non ha una funzione di unione. Outlook 2010 ha una funzione di unione, quindi per questo esempio useremo Outlook 2010 come client di posta elettronica.

- Apri Outlook 2010 e accedi alla cartella dei contatti.

- Puoi impostare un filtro o utilizzare l'intero elenco.

- Nel menu Strumenti, seleziona Mail Merge (potresti dover espandere il gallone in fondo al menu per vedere questa opzione) e seleziona il tipo di documento come messaggi e-mail.

- Una volta entrato in Mail Merge, scegli i campi che vuoi inserire nel tuo modello e clicca su OK.

- In questo modo si aprirà Microsoft Word, dove potrai digitare la tua lettera, con un tono amichevole e non minaccioso che inviti il lettore ad aiutarti e a farti da mentore.

- Clicca su inserisci campi unione nella barra degli strumenti di unione, posizionando il cursore nel punto in cui vuoi utilizzare il campo nel documento e scegliendo poi i campi unione. Fai questa operazione ogni volta che vuoi che un campo di contatto venga visualizzato nella lettera.

- Quando hai finito, vai di nuovo all'opzione Strumenti e scegli di unire i campi per i messaggi di posta elettronica.

- Fai una prova con il tuo indirizzo e-mail o con quello dei tuoi amici prima di inviare un mailing di massa per vedere come sarà il prodotto finale.

- La tua lettera dovrebbe avere un aspetto simile a questo:

Ciao [nome del cliente],

Mi chiedo se puoi aiutarmi a risolvere un problema. Ho appena finito di scrivere il mio ultimo ebook su come fare soldi su Internet. Ci è voluto molto tempo e credo che contenga tutto ciò che potrebbe essere importante, ma non ne sono sicuro e mi servirebbe il tuo aiuto.

Spero che tu voglia dedicare un po' di tempo a farmi sapere qual è l'argomento numero uno che dovrebbe essere trattato in questo ebook, in modo da assicurarmi che sia incluso. Se hai mai avuto problemi nel fare soldi su Internet o se hai pensato che alcune cose fossero troppo difficili da mettere in pratica, voglio saperlo in modo da poter affrontare questi problemi.

Apprezzo molto il tuo aiuto in questo senso e puoi inviarmi una risposta via e-mail a [indirizzo e-mail per l'autoresponder qui].

Il tuo amico,

[Il tuo nome qui]

P.S. Sono così sicuro che tu sia la persona giusta per aiutarmi con questo problema, che ti invierò un regalo di ringraziamento gratuito quando risponderai.

Personalizzazione

Ci sono molti modi per personalizzare questa offerta e dare il tuo tocco. Potrebbe essere semplice aggiungere una qualche forma di attrazione visiva ai tuoi messaggi di posta elettronica con immagini o cartoline. Oppure può essere complessa come l'utilizzo della posta ordinaria al posto dell'e-mail. Puoi personalizzare la lettera d'appello e i regali di ringraziamento.

Potresti anche non sapere esattamente quale prodotto o servizio sarà richiesto, ma puoi ritrovarti con due o tre grandi idee per nuovi prodotti. A quel punto, potrai iniziare a personalizzare il programma, ottenendo un'ulteriore leva di marketing grazie all'offerta "Mentor me". Una volta terminate le vendite di un prodotto, potrai vendere altri prodotti o servizi che hai individuato allo stesso gruppo, utilizzando una delle altre strategie descritte in questo ebook. Ricorda di non spingere le persone a partecipare, ma fai in modo che ne valga la pena con un ringraziamento speciale.

Puoi anche personalizzare il regalo di ringraziamento per aiutare i clienti a identificarsi maggiormente con i tuoi servizi. Ad esempio, potresti inviare loro una confezione regalo di salvavita, con il messaggio "Sei un salvavita" incluso nel regalo. Oppure potresti inviare loro un tappetino per il mouse con il tuo logo e l'indirizzo del tuo sito web e la scritta "Gold Star Mentor": "Gold Star Mentor". Sta a te decidere come personalizzare il regalo di ringraziamento. Il punto è che vuoi mostrare un apprezzamento sincero, anche quando offri uno sconto su un'offerta di prevendita.

Anche se l'invio di un'offerta bonus o di un coupon di sconto costa un po' di denaro, il potenziale di guadagno è molto più alto di quello speso. Le persone amano vedere le loro idee riconosciute e messe in pratica. Si identificheranno maggiormente con la tua attività e, se il regalo di ringraziamento è davvero gradito, contribuiranno di nuovo quando deciderai di chiedere nuovamente aiuto. Ricorda però di non farlo ogni volta che vuoi fare un pre-ordine, perché le persone lo capiscono subito.

8 - SEI TU L'ESPERTO!

Questa strategia è in qualche modo simile a quella del mentore, in quanto chiederai alle persone di contribuire con le loro idee. Ma, invece di farli diventare un mentore del tuo lavoro, chiederai loro di mostrare la loro esperienza. Dato che le persone amano essere riconosciute per ciò che sono o per ciò che sanno, questo può essere un modo efficace per modificare la strategia "mentore io" in qualcosa di ancora più efficace.

Strategia

Anche in questo caso invierai un'email di massa per richiedere assistenza, ma non la chiederai allo stesso modo e non userai le risposte allo stesso modo. Invece di chiedere aiuto per il tuo lavoro, darai ai tuoi clienti l'opportunità di mettere in evidenza le loro aree di competenza e di ricevere un riconoscimento online.

Dovrai essere specifico sull'argomento. Ad esempio, se sei un venditore di bicchieri da vino, potresti chiedere loro di darti i loro migliori consigli sulla scelta del vino. Il richiamo deve essere correlato a qualcosa della tua nicchia di mercato, quindi non cercare di andare troppo lontano. Se vendi attrezzature sportive, potresti chiedere ai tuoi clienti i loro migliori consigli sul tennis.

A parte questo, non devi essere specifico sulle risposte che otterrai. Puoi anche dire chiaramente che stai cercando qualsiasi cosa che abbia attinenza con l'argomento. Spiega che se il suggerimento ricevuto è abbastanza buono da essere incluso nel tuo prossimo ebook, darai anche pieno credito all'autore del suggerimento. Quindi, non dimenticare di chiedere anche il nome, l'URL del sito web e la ragione sociale, se ce l'hanno.

Inoltre, mentre i tuoi clienti scrivono per te ottimi contenuti con cui creare un nuovo ebook, tu imposterai l'ebook in modo da includere le informazioni sulla tua azienda e le offerte di affiliazione. Avrai anche una copia del tuo ebook con i diritti di distribuzione principale e un'altra che non li ha.

I diritti di distribuzione master consentono a chi acquista una copia del tuo ebook con questi diritti di distribuire il libro vendendolo personalmente. I diritti di distribuzione master a volte consentono anche di modificare il contenuto, ma non altri tipi di contenuto. Quindi, possono prenderlo e modificarlo leggermente, ma non possono rimuovere il tuo sito web e le informazioni sulle offerte. Alcuni diritti di distribuzione master permettono di modificare anche le offerte di affiliazione, in modo che anche le persone che

67

acquistano il prodotto possano guadagnare dalla distribuzione.

Se hai la possibilità di acquistare i diritti di distribuzione del libro, puoi aumentare il prezzo della tua offerta e aiutarla a diventare virale. I contenuti freschi si vendono rapidamente su Internet e quelli personalizzabili in una certa misura sono i preferiti dai marketer di Internet per i loro programmi.

Psicologia

La psicologia di questa offerta non è difficile da capire. Si tratta di permettere alle persone di mettere in mostra le proprie competenze e di ricompensarle con un riconoscimento. Ci sono così tante persone che lavorano duramente e non vengono mai riconosciute che questa è un'occasione per fare qualcosa che lasci un segno di realizzazione autentico e individuale che gli altri possano vedere.

Dato che non è difficile da capire e che è normale per tutti desiderare una sorta di riconoscimento, l'appello non deve essere affatto sottile. Puoi dire esattamente cosa stai cercando e perché lo stai facendo. Stai cercando degli esperti! Stai cercando opinioni! Vuoi raccogliere tutti i consigli più interessanti e combinarli nel miglior libro di sempre! E sei disposto a dare credito alle persone che entrano nel tuo libro.

Anzi, può essere divertente essere addirittura audaci sul perché dovrebbero farlo per te: "Diventerai famoso!" Non si tratta di qualcosa che deve essere assolutamente discreto!

Attuazione

I passi per implementare la strategia "Tu sei l'esperto" sono semplici da attuare come la strategia "Mentor me", solo che non utilizzerai un approccio sottile. Un esempio di implementazione di questo tipo di percorso per la strategia Tu sei l'esperto è riportato di seguito:

- Decidi un argomento o un prodotto che pensi possa interessare la tua nicchia di mercato.

- Se stai raccogliendo suggerimenti attraverso il tuo sito web, predisponi un modulo di contatto e non dimenticare di inserire una dichiarazione di accordo per la pubblicazione di tali informazioni in un ebook con un credito appropriato che il cliente dovrà spuntare nel modulo di risposta.

- Se hai un database di contatti e non sono già presenti nei contatti del tuo programma Outlook 2000, allora devi prima importarli in Outlook e inviare una mail merge invece di usare un modulo di contatto del sito web.

- Apri Outlook 2010 e accedi alla cartella dei contatti.

- Puoi impostare un filtro o utilizzare l'intero elenco.

- Nel menu Strumenti, seleziona la voce Mail Merge (potresti dover espandere il gallone in fondo al menu per vedere questa opzione) e seleziona il tipo di documento come messaggi e-mail.

- Una volta entrato in Mail Merge, scegli i campi che vuoi inserire nel tuo modello e clicca su OK.

- In questo modo si aprirà Microsoft Word, dove potrai scrivere la tua lettera, in cui dici loro che hanno l'opportunità di diventare famosi mostrando la loro esperienza. Chiedi i loro migliori consigli.

- Chiedi loro di includere nella risposta il loro nome e cognome, l'URL del sito web che vogliono pubblicare e il nome della loro azienda. Dì loro che se sceglierai il loro suggerimento, pubblicherai queste informazioni e gli darai così una promozione gratuita.

- Clicca su inserisci campi unione nella barra degli strumenti di unione, posizionando il cursore nel punto in cui vuoi utilizzare il campo nel documento e scegliendo poi i campi unione. Fai questa operazione ogni volta che vuoi che un campo di contatto venga visualizzato nella lettera.

- Quando hai finito, vai di nuovo all'opzione Strumenti e scegli di unire i campi per i messaggi di posta elettronica.

- Fai una prova con il tuo indirizzo e-mail o con quello dei tuoi amici prima di inviare un mailing di massa per vedere come sarà il prodotto finale.

- Puoi anche utilizzare sia il modulo di contatto web per le persone nuove che non sono tuoi clienti, ma che potrebbero voler inviare dei suggerimenti, sia il mail merge per i tuoi clienti che ti hanno dato il permesso di contattarli.

Questo è tutto. La parte migliore del processo di implementazione è che non devi impostare un autoresponder con un regalo di ringraziamento. Il regalo di ringraziamento può essere il prodotto finale, se decidi di regalarlo agli autori. Molti marketer regalano uno o due libri con i diritti di distribuzione master per spingere il traffico verso i loro siti e aumentare i loro guadagni da affiliati. In genere i libri si ripagano da soli.

Altri fanno pagare il libro o i diritti di distribuzione, o entrambi. Sta a te decidere cosa funziona meglio per la tua attività.

Personalizzazione

Per personalizzare questa offerta, dovrai aumentare notevolmente le spese per la creazione di una piattaforma di iscrizione per il tuo sito web. Questo include la possibilità di partecipare a forum con consigli per le persone in varie categorie e l'accesso a prodotti aggiuntivi.

Con l'aggiunta di una piattaforma di iscrizione, come abbiamo detto in precedenza, dovrai includere una programmazione per la sicurezza, in termini di nomi utente e password. Potresti dover aggiungere una sorta di supporto o programmazione per la perdita delle password o per problemi tecnici. Quindi ci sono un po' più di costi iniziali quando si personalizza questa offerta per un concetto di iscrizione.

Dovrai decidere se far pagare l'iscrizione o se renderla gratuita. Se fai pagare, puoi contribuire a compensare alcuni dei costi di gestione di un sito web di una comunità, ma se non fai pagare, potrai attirare più persone sul sito che potranno aggiungere contenuti gratuitamente. Può essere un ottimo modo per attirare le persone sul tuo sito, dove potrai presentare le tue offerte di vendita.

Non dimenticare che non devi limitarti agli ebook. Ci sono molti modi in cui le persone possono mostrare la loro esperienza, e non sono tutti scritti. Puoi richiedere filmati, opere d'arte o fotografie. Puoi creare un tuo genere di articoli che vuoi vedere esposti sul tuo sito con il permesso dell'autore. Se non capisci come funziona, dai un'occhiata ai siti di social network che raccolgono fotografie, come Flickr, o che raccolgono brevi video, come Youtube. Ovviamente, stiamo appena iniziando a capire che tutti hanno una qualche competenza e sono disposti a pubblicare online per mostrarla.

Questo tipo di offerte non devono necessariamente riguardare argomenti seri. Puoi scegliere argomenti che mettano in risalto la creatività di una persona e che pensi possano essere venduti bene nella tua nicchia. Ad esempio, potresti chiedere consigli su come cucinare piatti vegetariani in meno di 30 minuti, se vendi pentole o wok. Potresti chiedere consigli su come flirtare per ottenere un appuntamento, se hai un sito di incontri. Potresti chiedere consigli sulla composizione di fiori, se vendi fiori. Non c'è nulla che indichi che l'argomento debba essere necessariamente serio. Anzi, gli argomenti più divertenti possono essere più interessanti per le persone che scaricano articoli gratuiti rispetto a quelli che costano denaro.

Dovrai pubblicizzare la tua offerta in vari luoghi, non solo sul tuo sito web. Questo perché l'offerta è pensata per farti ottenere nuovi clienti da altre parti, facendoli conoscere il tuo sito web e le tue offerte attraverso un prodotto speciale gratuito o in distribuzione. Queste informazioni saranno incluse nell'offerta e non sarà possibile modificarle. In questo modo, ovunque questo libro venga pubblicato o scaricato, le tue informazioni si troveranno automaticamente davanti a un nuovo potenziale cliente che potrà visitare il tuo sito semplicemente cliccando sul link del prodotto.

Un altro modo per personalizzare questa offerta è se hai un'attività locale e un sito web. Potresti creare un libro sui consigli che possono aiutare le persone della tua zona. Quali sono i piatti migliori da provare quando ci si trova nella tua città e dove si possono trovare? Questo libro può essere stampato in formato cartaceo e offerto in omaggio alle persone che visitano il tuo negozio. Conterrà anche un URL che li condurrà ad altri modi per ottenere le informazioni importanti che desiderano. Puoi anche indicargli i forum di discussione che potrebbero visitare sul tuo sito per aiutarli a ottenere ulteriori informazioni sullo stesso argomento.

Quando finirai di scrivere il libro, assicurati di aver ottenuto il permesso da tutti di utilizzare le loro informazioni. Dai credito a chi ne ha diritto. Se vendi i diritti di distribuzione master, probabilmente dovrai dire che non possono rimuovere il nome dell'autore o le informazioni che hanno contribuito, a meno che non venga rimosso l'intero suggerimento. In questo modo manterrai la promessa fatta agli esperti che hanno contribuito: o li includerai e darai loro credito o non li includerai. Quindi, quando offri i diritti di rivendita, lo stesso deve valere, altrimenti il tuo esperto potrebbe trovare il libro da qualche altra parte e arrabbiarsi quando vede un nome diverso sotto il suo suggerimento letterale.

9 - ALTRE TECNICHE DI VENDITA DI ALTO LIVELLO

Le sette strategie di cui abbiamo appena parlato non sono le uniche strategie di marketing esistenti, ma sono alcune delle più potenti. In questo capitolo parleremo di altre tecniche che possono essere utili alla tua attività, ma non le analizzeremo in modo così dettagliato come abbiamo fatto con le prime sette. Tieni presente che c'è sempre la possibilità di essere creativi quando crei delle offerte.

Alcune strategie funzioneranno meglio di altre. Questo è naturale in quanto si tratta di metodi generici per generare più affari che possono essere adattati alla tua nicchia di mercato. Ogni nicchia di mercato ha il suo pubblico e questo determinerà il livello di successo che otterrai quando sceglierai di provare una strategia di offerta piuttosto che un'altra. Alla fine comincerai a capire cosa funziona per te e cosa no, ma all'inizio non devi preoccuparti di adottare un approccio per tentativi ed errori e utilizzare il maggior numero possibile di offerte. Questo ti permetterà di fare una piccola ricerca di mercato e ti aiuterà a creare offerte vincenti nella tua nicchia di mercato.

Altre tecniche

Alcune di queste tecniche le riconoscerai come utilizzate da diversi punti vendita al dettaglio intorno a te. Possono funzionare altrettanto bene anche per te online. Non parleremo della psicologia, dell'implementazione o della personalizzazione di ogni singola strategia perché creeremmo un ebook troppo grande. Puoi pensare a questi aspetti di ogni offerta in base alla tua nicchia di mercato quando decidi se questa strategia può esserti utile o meno.

Prezzi memorabili
Stai cercando di mettere in evidenza un aspetto della tua attività, come i 44 anni di servizio? Puoi mettere il prezzo di tutte le tue offerte con $.44 alla fine. Quindi, se vendi regolarmente un ebook a $29,95, potresti offrire un prezzo memorabile di $29,44 per celebrare i tuoi 44 anni di attività. Un altro modo per utilizzare questa strategia è quando c'è un evento memorabile che il tuo pubblico vorrà sottolineare per il suo significato, puoi usare un numero per aiutare le persone a unirsi in una causa comune. Pensa all'11 settembre.

Caratteristiche speciali
Se hai mai acquistato dei film in DVD, sai che alcune confezioni offrono funzioni speciali come interviste agli attori, video della scenografia e altro ancora. Quindi, anche se per gli ebook potrebbe essere difficile offrire due versioni diverse, una con funzioni speciali e una senza, puoi farlo facilmente con alcuni dei video che

potresti vendere online. Basta avere una sezione in cui è possibile scaricare un DVD e un'altra in cui è presente un pacchetto con caratteristiche speciali.

BOGO

L'offerta BOGO (Buy one get, get one free) è uno standard del settore. Puoi utilizzare lo stesso principio per vendere i tuoi prodotti, offrendo come bonus gratuito un articolo correlato, o addirittura lo stesso articolo, se il cliente acquista l'offerta originale.

Le dimostrazioni

L'idea delle dimostrazioni è stata portata a un nuovo livello quando sono nati i prodotti software. Se sai come far scadere i tuoi prodotti dopo un certo periodo di tempo o offrire una demo online con funzioni limitate, puoi aiutare a vendere i tuoi prodotti. I clienti avranno l'opportunità di provare l'articolo per vedere se soddisfa le loro esigenze e tu avrai il tuo nome nelle loro case. Se vendi prodotti informativi, potresti regalare demo di clip dei tuoi prodotti più grandi, in modo che i clienti abbiano un assaggio di come il prodotto più grande, a pagamento, possa soddisfare le loro esigenze.

Iscrizioni a vita

Se stai cercando di creare un sito associativo, puoi mantenere i pagamenti bassi o gratuiti e offrire un'iscrizione a vita per aiutare a costruire la tua comunità più velocemente. Dovrebbe essere un'offerta limitata per un periodo di tempo e dovrebbe essere chiaramente indicata l'intenzione di revocare l'offerta in una data futura. Se vuoi continuare a offrire l'iscrizione a vita, puoi aumentare il prezzo a qualcosa di sostanzioso o diminuire le funzionalità che i nuovi iscritti hanno ottenuto e cambiare il prezzo.

Vendita misteriosa

Su eBay ci sono persone che guadagnano un bel po' di soldi vendendo solo oggetti misteriosi. È vero, forse hai in mente un prodotto, ma non si sta muovendo. Puoi proporre una vendita misteriosa in cui indichi il valore del prodotto o dei prodotti e dai un'idea del motivo per cui potrebbero volerlo acquistare. Questo formato funziona molto bene con le vendite all'asta, dove le persone decidono quanto sono disposte a spendere per un regalo misterioso. Devi indicare il valore approssimativo del regalo misterioso senza gonfiarlo e non devi vendere nulla che possa far sentire l'acquirente truffato.

Cesti campione

Li hai visti nei negozi al dettaglio, dove diversi campioni vengono messi in un cesto e poi prezzati di conseguenza. Alcune persone non riescono a decidere cosa vogliono quando entrano in un negozio. Altre vogliono varietà, ma non necessariamente quantità. Il cesto di campioni è un ottimo modo per fare una vendita con persone che potrebbero voler mettere in preventivo numerosi prodotti ma che non hanno abbastanza soldi per farlo. Puoi fare la stessa cosa con i prodotti che offri online, dove potrebbero ricevere dei report invece che degli ebook completi, oppure potresti vendere online dei prodotti fisici che si prestano a questa strategia.

Scambio di prodotti concorrenti

Questo è difficile da fare con le offerte online, ma non impossibile. Chiederai ai tuoi clienti di scambiare i loro prodotti concorrenti in modo virtuale. Puoi chiedere ai clienti di fotografare lo scontrino del prodotto concorrente e di inviarlo, oppure puoi utilizzare un sistema d'onore in cui i clienti dichiarano di avere un altro prodotto da scambiare. Se possiedi un negozio al dettaglio, ma anche una presenza online, puoi utilizzare questa strategia per portare le persone nel tuo spazio commerciale offrendo la possibilità di permuta presso il tuo punto vendita. Potrai poi descrivere i requisiti di una permuta valida e come ottenere sconti o bonus gratuiti per recarsi nel tuo negozio. Questo tipo di strategia è ancora più importante per chi ha uno spazio commerciale fisico, dato che le persone sono sempre più restie a fare viaggi extra per raggiungere il negozio a causa dei prezzi elevati della benzina.

Rimpiangere i buyout

Ok, a volte sbagliamo e facciamo qualcosa che causa disagi o perdite monetarie ai nostri clienti. Forse hanno ricevuto il nostro prodotto per posta e si è rotto durante il viaggio. Forse non è mai arrivato a destinazione. Forse è arrivato in ritardo. Come imprenditore sai bene che non tutte le variabili del processo di consegna sono sotto il tuo controllo. Anche quando consegni i prodotti online, a volte ci sono problemi di download o problemi con l'hardware del cliente che non gli permettono di aprire i tuoi prodotti. In ogni caso, hai l'opportunità di esprimere le tue scuse e di offrire uno sconto o un bonus per farti perdonare. In questo modo, non solo dimostri che stai ascoltando le lamentele dei tuoi clienti, ma anche che sono importanti per te. Nel frattempo, hai aperto la strada a una futura vendita.

Ordini di prevendita

Questo è noto anche come sconto early bird. Offri di vendere il tuo prodotto ai clienti a un prezzo molto speciale, se si impegnano ad acquistare in anticipo. Potresti stabilire un certo intervallo di date tra il momento in cui offrirai il prodotto e quello in cui sarà a prezzo pieno. Oppure, puoi offrire ai nuovi iscritti sconti speciali per celebrare la loro nuova iscrizione per un periodo di tempo speciale dal momento in cui si sono iscritti al tuo sito. Il segreto per il successo di queste offerte è mantenere sempre la parola data. Se hai detto che lo sconto è disponibile fino al 15 giugno, ora orientale, allora il 16 giugno, che sia ancora il 15 giugno in un'altra parte del mondo, non importa. Questo può essere un po' complicato da attuare perché ci saranno sempre dei ritardatari che vorranno l'offerta early bird. Basta dire di no. Non funzionerà più se permetti ai ritardatari di cercare di strapparti uno sconto extra e gli altri lo scoprono. O peggio ancora, lo stesso cliente continua a chiedere sconti su altre promozioni di prevendita già chiuse.

Piani di pagamento

Se offri prodotti di fascia molto alta, è possibile che le persone vogliano acquistare, ma non abbiano tutti i soldi a disposizione. Prova a offrire diverse modalità di pagamento per aiutarli a suddividere il costo in un certo periodo di tempo. Se non decidi di attuare questa strategia, potresti ritrovarti a perdere vendite. Un po' di flessibilità nei piani di pagamento può essere la spinta in più che spinge qualcuno a comprare.

Offerta a tempo limitato

Questa strategia funziona bene sui siti di aste, ma non tanto sulle vendite regolari. Il motivo è che i clienti sono diventati molto più consapevoli del fatto che le offerte a tempo limitato potrebbero non essere così urgenti come le fai sembrare. Se ti è capitato di passare davanti a una svendita di un negozio di mobili che ogni stagione dice di vendere tutto a prezzi scontati per un periodo di tempo limitato fino alla chiusura del negozio, per poi vedere la stessa cosa la stagione successiva, saprai cosa intendiamo. Questa tecnica è stata abusata e al giorno d'oggi sembra più una truffa che un grande affare. Ciò non significa che non dovresti usarla, ma assicurati di inventare un'ottima ragione per cui sia vera. E non ripetere lo stesso motivo l'anno successivo, perché la gente se ne ricorderà.

Riacquisto garantito

Non temere che le persone acquistino, usino e poi restituiscano il prodotto, lasciandoti a bocca asciutta. Il fatto che tu offra il riacquisto di un prodotto nei primi sei mesi, se non lo vogliono più, non significa che tutti accetteranno la tua offerta. Inoltre, non sei obbligato a riacquistare un prodotto e a fornire contanti come parte del riacquisto. Puoi indicare nei termini della garanzia che il riacquisto avverrà sotto forma di un buono sconto su altri tuoi prodotti. In questo modo, anche se il cliente restituisce il prodotto, avrai comunque un cliente e una vendita futura in attesa. I clienti apprezzano questa garanzia, nel caso in cui ritengano di non aver ottenuto ciò che volevano con il tuo prodotto originale, e tu puoi comunque mantenere un buon rapporto con loro.

Aggiornamenti gratuiti a vita
Questa strategia è simile a quella del riacquisto garantito. Tuttavia, invece di offrire il riacquisto di un prodotto per un periodo di tempo limitato, offrirai aggiornamenti gratuiti a vita su un determinato prodotto o su una serie di prodotti. I tuoi clienti potranno o meno restituire gli originali per ottenere l'aggiornamento. Tutto dipende dal tipo di prodotto che vendi. I prodotti informativi non richiedono alcun tipo di restituzione perché non ti costerà nulla inviare l'aggiornamento a vita ai tuoi vecchi clienti. Per quanto riguarda i prodotti fisici, potresti voler escludere le persone che non accettano l'offerta per motivi di tempo o di fastidio, richiedendo loro di restituire la scatola, il prodotto o lo scontrino del prodotto originale per ottenere l'aggiornamento.

Finanziamento gratuito

Invece di offrire sconti, puoi dire ai clienti che intendi pagare tu stesso una parte del prodotto, ad esempio il 50% o meno. Tutto ciò che devono fare è versare un acconto del 50% e tu finanzierai l'altra metà. A seconda del tuo margine di guadagno, questa può essere un'offerta irresistibile per i prodotti di fascia alta, così come per quelli di fascia bassa.

Come si può vedere, ci sono così tante tecniche diverse che possono essere utilizzate per aumentare le vendite, che può essere davvero utile essere creativi con le proprie offerte di marketing. Tieni d'occhio il modo in cui gli altri commercializzano i loro prodotti, in particolare i tuoi concorrenti, e se fanno qualcosa che porta loro molti affari, non c'è motivo per cui tu non possa usare la stessa strategia. Forse ti verrà in mente qualcosa che è un metodo di vendita sicuro e lo userai per promuovere i tuoi prodotti. Oppure, potresti scoprire che le strategie contenute in questo ebook hanno bisogno di un piccolo tocco e funzionano meglio di quanto avresti mai potuto immaginare. Non esiste una vera e propria formula per implementare le strategie. Sii aperto a nuove idee e tieni sempre presente la tua nicchia di mercato.

10 - CONCLUSIONE

Non tutte le strategie funzioneranno per ogni nicchia di mercato esattamente come indicato. Forse il tuo business è vendere barche e offrire una barca gratis non funzionerà. Forse vendi immobili online per investitori e offrire sconti non dipende da te, ma dal proprietario. Puoi comunque trovare il modo di modificare le offerte in modo da utilizzare le tecniche di base all'interno della tua nicchia di mercato.

Puoi decidere che, pur non potendo consegnare una barca in una confezione regalo speciale, puoi consegnare un altro prodotto legato alle barche in una confezione regalo speciale. Magari puoi anche decidere di creare dei cofanetti regalo virtuali con le destinazioni di viaggio che i clienti possono raggiungere con la loro barca, se acquistano la tua barca. In questo caso, un viaggio sarebbe la scatola e la barca sarebbe la merce. Allo stesso modo, se vendi immobili, puoi decidere di combinare le tue offerte con quelle di un altro agente immobiliare nel modello I'll rub your back, se anche lui presenta le tue offerte sul suo sito web. Si tratta di modificare ogni offerta in modo che abbia senso per il tuo mercato specifico. Per questo devi capire come funziona ogni offerta e poi testarla per valutare il successo o il fallimento della tua campagna di marketing. Se non funziona, non significa che non fosse una buona strategia, ma solo che la tua nicchia di mercato potrebbe richiedere un po' di creatività in più per implementarla in modo da attirare maggiormente il tuo pubblico.

Prove e modifiche

Ok, hai individuato una strategia di marketing che vuoi provare. Ora devi informarti sulla psicologia della strategia e decidere se il tuo pubblico rientra nel profilo demografico che potrebbe apprezzare un'offerta del genere. Ad esempio, non cercheresti di offrire offerte speciali per gli acquirenti intelligenti se sei in un mercato che offre prodotti e servizi convenienti. Semplicemente non è molto conveniente per le persone perdere tempo a compilare dei quiz, anche se in cambio ottengono qualche prodotto conveniente. La strategia deve essere legata alla psicologia del tuo mercato principale.

Quindi, potresti prendere l'idea dello speciale per gli acquirenti intelligenti e dargli una piccola svolta. Forse i tuoi clienti associano l'efficienza all'intelligenza ed è per questo che acquistano i tuoi prodotti convenienti. Quindi, dovrai impostare un'unica domanda a scelta multipla, piuttosto che quiz più grandi con molte domande. Inoltre, questa singola domanda deve riguardare un segreto che renderà la loro vita più facile di centinaia di volte, se solo acquistassero quel prodotto originale.

L'idea è che stai disturbando i tuoi clienti perché devono fare i salti mortali per ottenere lo sconto. Questo non significa che non puoi utilizzare questa strategia, ma solo che dovrai far sembrare che si tratti di una comodità e non di un inconveniente. Il modo per farlo è impostare la struttura in modo da rendere facile la partecipazione, utilizzando uno o due click del mouse, e facendo in modo che il loro desiderio di convenienza sia il premio effettivo. Dovresti anche sottolineare che l'offerta di bonus verrà recapitata immediatamente al loro indirizzo e-mail, se avranno azzeccato la risposta giusta. A quel punto, imposterai un autoresponder per assicurarti di mantenere la promessa.

Tuttavia, potresti scoprire che questa strategia non è efficace quanto un'altra strategia con i tuoi clienti e potrebbe essere meglio provarne un'altra. Dovresti cercarne una che corrisponda al tuo modo di pensare demografico per renderla molto efficace. Quindi, forse non inizierai con lo speciale per gli acquirenti intelligenti, ma offrirai loro un pacchetto regalo virtuale che potrà essere scaricato immediatamente quando acquisteranno la tua offerta; tuttavia, lascerai che siano loro a scegliere quale pacchetto regalo è più conveniente per loro: un CD, una chiavetta USB o un'iscrizione gratuita al tuo sito.

Offrire alle persone che hanno una vita frenetica delle scelte che rendano conveniente l'acquisto è una buona strategia nella vita moderna. Inoltre, devi chiarire che i clienti hanno a disposizione diversi modi per pagare la tua offerta, tra cui Paypal, carte di credito, assegni e qualsiasi altro strumento i tuoi clienti utilizzino per semplificarsi la vita.